W0023214

Dino

Ulrike Eckart

HINTER GITTERN
der Frauenknast

Walter – Liebe hinter Gittern

Die Deutsche Bibliothek – CIP-Einheitsaufnahme

Ein Titeldatensatz für diese Publikation ist bei der Deutschen Bibliothek erhältlich.
Bd. 10: Walter – Liebe hinter Gittern

Vielen Dank an Anja Schierl, Redakteurin für „Hinter Gittern“
bei RTL, für ihren Einsatz und ihre Unterstützung bei der Entstehung
dieses Buches.

Dieses Buch wurde auf chlorfreiem,
umweltfreundlich hergestelltem
Papier gedruckt.
In neuer Rechtschreibung.

Das Buch wurde auf Grundlage der RTL-Serie „Hinter Gittern – der
Frauenknast“ verfasst.
Mit freundlicher Genehmigung von RTL
Cheflektorat: Verónica Reisenegger
Redaktion: Waltraud Ries
Fotos: Stefan Erhard
Umschlaggestaltung: tab werbung GmbH / Holger Stracker,
Nina Ottow, Stuttgart
Satz: Greiner & Reichel, Köln
Druck: GGP Media, Pößneck
ISBN: 3-89748-300-9

1

Schwungvoll öffnete sie die Tür zum Bad. Falls da einer gewesen und zufällig dumm im Weg gestanden wäre, wäre er besser zur Seite gegangen, und zwar ein bisschen plötzlich. Doch dann prallte sie zurück und erstarrte.

Da war tatsächlich einer, eine Schluse, in Uniform, wie es sich gehört, stand aber nicht zufällig dumm im Weg, und zur Seite gehen konnte der auch nicht mehr, denn er lag auf den Kacheln, vor allem aber in einer riesigen Lache, nicht etwa Pisse oder Kotze, das war Blut, eindeutig blauschwarzes Blut. Und *das* gehörte sich nicht, überhaupt nicht.

Der Schreck kroch den Rücken vollends hinauf und setzte sich irgendwo hinten oben fest. Ach du Scheiße. Das war alles, was sie noch denken konnte.

Mit zwei Schritten war sie da, kniete nieder, drehte den Kerl um – es war Zöllner, klar, wer sonst? Als hätte sie's erwartet. Dabei hatte sie an diesem üblichen, also üblen Gefängnismorgen nichts anderes erwartet, als harmlos zu duschen, und zwar früher als die anderen, um endlich einmal Ruhe zu haben, Ruhe vor diesem Gänsestall, der sonst immer gickelte und gackerte. Als würden Ostseewellen um die Zehen plätschern, nie gefährlich, aber manchmal lästig.

Doch das war kein Meerwasser, das war Blut, eindeutig, das war auch nicht bloß lästig, das war gefährlich, brandgefährlich sogar, und dieser Kerl war alles andere als ein Sommerfrischler, der den dicken Bauch in die Sonne streckt. Der war tot, mausetot, der würde nie mehr ins grelle Licht blinzeln, der hatte die Augen weit offen, starr, reglos.

Wieso, um Himmels willen, lag der im Bad herum, in seinem warmen Blut ...

Warm – genau! Der konnte noch nicht lange liegen, und der Mörder musste noch irgendwo ...

Blut – und sie hatte ihn angefasst! Erschrocken sah sie auf ihre Hände hinunter: natürlich, total verschmiert. Mechanisch wischte sie das Blut an ihrem unmöglichen grünen Bademantel ab, die Gedanken im Hirn ein waberndes Gekräusel, riss sich los, wollte aufstehen, sah hoch –

Dagmar, Handtuch locker um den nackten Leib geschlungen, den kalten blauen Blick unter dreckigblondem Madonnenhaar fest auf sie geheftet, auf sie und diese tote Schluse.

Ach du Scheiße!

Harmlos duschen wollen!? Nicht hier, nicht an diesem Morgen, nicht mit einem abgemurksten Zöllner mitten im Bad, nicht mit dieser Zeugin!

„Walter! Was hast du gemacht!"

Ich!? echote es in ihr. Antworten aber konnte sie nicht, die Wörter standen irgendwie quer im Maul.

„Das ist Mord!" schob Dagmar nach.

Klar ist das Mord! Was sonst?

Endlich schüttelte sie die Erstarrung ab, wenigstens so weit, dass sie aufstehen konnte, mehr konnte sie allerdings nicht, sie dachte nur noch eins: raus!

Wie aus dichtem Nebel hörte sie sich schließlich sagen: „Ich will nichts damit zu tun haben …“ Und merkte, dass sie zur Tür ging.

Doch Dagmar verstellte den Weg und fragte, eigentlich ganz freundlich: „Wo willst du denn hin?“ Und erklärte sanft, beinah besorgt: „So wie du aussiehst.“

Sie sah an sich hinunter. Klar, sie blöde Kuh hatte die Hände am Bademantel abwischen müssen. Auch das noch!

Überrumpelt begegnete sie wieder Dagmars kaltem Blick und blieb reglos stehen. Sie, Walter, Boss der Station B, Haftanstalt Reutlitz, wortmächtiger und schlagkräftiger Gegenspieler aller Schlusen und anderer Häuptlinge, sie blieb einfach stumm stehen und wusste nichts zu sagen, nichts zu tun, bloß Watte im Kopf – so beschissen war sie sich noch nie vorgekommen, niemals!

Ein leichter Anflug von Spott flackerte in Dagmars Blick hoch. Locker deutete sie hinüber und bestimmte sanft: „Der muss hier weg.“

Klar, dass der weg musste! Der hätte gleich gar nicht erst hierher gehört! Aber was ging *sie* das an? Sie hatte ihn nicht hierher gelegt, sie war also auch nicht dafür zuständig, wie der hier wieder wegkam. Sie nicht, kein bisschen.

„Ich *war's* nicht, verdammte Scheiße“, brachte sie endlich heraus.

Dagmar lächelte undurchsichtig.

„Hast du das verstanden?“ knurrte Walter. Damit hatte sie endlich den richtigen Ton getroffen. Der wirkte immer. Der brachte diesmal wenigstens sie selbst zu sich. Wenn auch nicht völlig. Aber immerhin: sie war wieder Walter, der Boss. Und der Boss brüllte: „Ich *hab* ihn nicht umgebracht!“

Dagmar, das Aas, lächelte bloß weiter, süß und falsch.

„Du glaubst mir nicht, was?“ Eigentlich hatte Walter locker klingen wollen, grob und laut, wie gewohnt; diesmal aber hatte es irgendwie mickrig geklungen, als bitte sie um Verständnis. Ausgerechnet sie und betteln.

Prompt stichelte Dagmar. „Was *ich* glaube, spielt keine Rolle.“

Womit sie Recht hatte. Auch das noch! Warum, zum Donner, hatte ausgerechnet in diesem Augenblick diese fiese Schlange im Bad aufkreuzen müssen?

Aber schon fuhr die fiese Schlange fort: „Nur – wenn *den* jemand findet, werden sie sich fragen: hast *du* ihn umgebracht oder *ich*?“

Irgend etwas im Hirn machte klick, aber in diesem Nebel war's nicht zu erkennen.

„*Ich* kann's nicht gewesen sein“, schnitt Dagmar die Suche nach dem Klicken ab. „Ich bin *nach* dir gekommen.“

Schon wieder hatte sie Recht. Trotzdem lag sie völlig falsch. „He!“ rief Walter verwirrt. „Und *ich* hab keine Ahnung, wen – ich meine: ich hab keine Ahnung, wie lange der da schon liegt.“ Dann hatte sie's gefunden: „Irgend jemand muss *vor* mir hier gewesen sein!“

Dagmar säuselte: „Und du weißt nicht wer, oder?"

„Woher denn!?" rief Walter ehrlich. Endlich blickte sie wieder durch, wenigstens *so* weit. Sie wusste es nicht, und sie konnte es auch nicht wissen, klar. Doch dann sah sie wieder an sich hinunter: das Blut. Warum hatte sie diesen Kerl bloß anfassen müssen! „Oh Scheiße", knurrte sie, „wie bring ich denn das Zeug wieder ab?"

Dieses Miststück Dagmar dachte gar nicht dran, mit Tipps hilfreich zu sein, im Gegenteil, die stichelte weiter. „Die Kaltenbach wird bestimmt denken, dass *du's* gewesen bist."

Die Kaltenbach! Die wäre nicht so schlimm, mit diesem etwas zu hoch gewachsenen Kind konnte man fertig werden. Aber Jutta, der Geier, die würde sich das nicht entgehen lassen, die würde diesen Festtagsbraten genüsslich zersäbeln! Und wen würde sie zersäbeln? Die Schluse dort drüben, weil die im Bad geschnüffelt hatte? Nee, dafür hatten diese beiden, Jutta und Zöllner, in letzter Zeit viel zu dicht beisammen gesteckt. Zersäbelt werden würde sie, Christine Walter, *die* Walter. Die Mädels würden was zum Grinsen kriegen, verdammte Scheiße!

„Wir", riss Dagmar sie aus dem Brüten, „wir räumen ihn in die Badewanne."

Wenigstens eine, die wusste, was zu tun war. Ungewohnt hilflos nickte Walter dankbar. Dankbar? Sie und dankbar!? An diesem Morgen stimmte überhaupt nichts mehr.

Aber schon fuhr Dagmar fort: „*Ich* mach sauber ..."

Wieder klickte es im Hirn, irgendwas wollte sich melden, kam aber nicht richtig durch, zumal Dagmar ihren Plan vollends aufrollte: „*Du* lässt den Bademantel verschwinden ..."

Genau! Der Bademantel musste weg, unauffällig, aber endgültig.

„... und bringst 'ne Decke, damit der arme Kerl nicht so friert."

Wenigstens mal *was* zum Grinsen, gab ja sonst keinen Grund. „Okay", stimmte sie zu, dachte an das Klicken und drohte: „Hör zu! Wenn du mich linkst, mach ich dich kalt." Endlich hatte sie den richtigen Ton wieder gefunden, und diesmal kuschte Dagmar sofort: „Okay."

Trotzdem, auch wenn das bei Dagmar wieder bestens funktionierte, bei ihr selbst klappte es noch immer nicht so recht, zum Henker. Denn sie riss die Tür auf und wollte los, endlich raus, musste sich aber aufhalten lassen, schon zum zweiten Mal.

„Der Bademantel", erinnerte Dagmar mit leisem Spott.

Sonst hätte sie ihr dafür in die Fresse gehauen, dieser Friese. Aber nicht jetzt. Friese – Fresse, Friese – Fresse hallte es durch den Nebel.

Und die Friese hob artig, beinah unterwürfig das Handtuch auf, drückte es ihr in die Hand, und sie nahm's einfach und hielt es sich vor Bauch und Blut. Dankbar!? Zum Teufel damit!

„Scheiße", knurrte sie und ging raus.

Endlich.

2

Zöllner hätte natürlich längst zum Dienst angetreten sein sollen. War er nicht, konnte er auch nicht, lag mit aufgeschlitzter Gurgel im Bad, so'n Pech aber auch! Nur – warum musste der Geier ausgerechnet jetzt suchend vor dem Aquarium rumkreisen?

Der Bademantel war in einer Mülltüte verschnürt und vorerst im Schrank verstaut. Würde die nächste Müllabfuhr abtransportieren, auf Nimmerwiedersehen.

Vivi, die liebe Vivi, hatte Gott sei Dank nicht gemerkt, dass Walter sich gar nicht geduscht hatte, sondern dreckig in die Klamotten geschlüpft war.

Noch vor ein paar Tagen wäre Vivi in ihrer eigenen Zelle gelegen, dann hätte sie, Walter, tun und lassen können, was ihr passt. So aber musste sie auch noch die erstaunte Frage nach der Decke abbiegen. Dabei war sie schon fast ein wenig stolz auf sich gewesen, dass sie an die Decke überhaupt noch gedacht hatte.

Und jetzt der Geier mit seinem blöden Gekrächze nach Zöllner! Bloß nicht auffallen, ruhig weitergehen, Decke überm Arm wie zum Picknick am Wannsee …

„Walter!“

Die eisige Stimme im Rücken stoppte den Spaziergang zum Wannsee hart. Reglos blieb sie stehen. Bloß nicht umdrehen. Erst die erschrockene Visage in den Griff kriegen.

„Hast du Zöllner gesehen?“

Hatte sie, ja! „Was?“ brachte sie raus.

„Bist du taub!?“ bellte der Geier und wiederholte höhnisch: „Hast du Zöllner gesehen?“

Musste sie sich diesen Ton gefallen lassen? Aber sie brachte nichts anderes raus als noch mal so ein blödsinniges „Was?“ Und zwar leider alles andere als gebellt. Die Walter und schwächeln? Das *musste* dem Geier doch verdächtig vorkommen. Also wandte sie sich um, langsam zwar, aber sie würde sich stellen müssen, irgendwie.

Jutta grinste sich eins und fragte kotznachsichtig: „Hast du ihn nun gesehen oder nicht?“

Genau das war doch die Scheiße: sie *hatte* ihn gesehen! „Ich hab ihn *nicht* gesehen.“ Das war entschieden zu lahm.

Natürlich äugte der Geier misstrauisch und gab ein mitleidiges „Och!“ von sich.

Zum Glück fand sie endlich den richtigen Ton: „Wieso? Sollte ich!?“

Das hatte gesessen. Die Adler ließ von ihr ab und lief den Flur entlang: „Zöllner, Zöllner …“

Ach du grüne Kotze! Die verschwand nicht etwa im Verwaltungstrakt, die steuerte das Bad an. Seit wann haben männliche Beamte Zugang zu den Baderäumen? Musste die nervös sein!

Hoffentlich hatte Dagmar genügend Zeit gehabt. Bloß – eine Leiche wischt man schließlich nicht einfach weg.

Langsam folgte sie der Adler Richtung Bad. Jeden Augenblick musste das Gebrüll ausbrechen. Und dann müsste sie von der Bildfläche verschwinden, und zwar sofort. Die blöde Decke hätte den Geier schon vorher misstrauisch machen können.

Seltsam – nichts zu sehen, nichts zu hören. Also schob sie sich vorsichtig ins Bad, der Geier ging grad vor einer der Wannenabteilungen weg, hinterm Vorhang plätscherte es leise: Dagmar, harmlos im hochgetürmten Schaumbad, von Zöllner keine Spur. Doch! Aus dem Schaum erhob sich, wie in Zeitlupe, eine Hand, und diese Hand gehörte eindeutig nicht zu Dagmar, diese Hand steckte in einer Uniform.

Erschrocken warf Walter die Decke drüber, schließlich kreiste der Geier noch im Bad herum, und für den war auch der folgende Satz bestimmt: „Nächstes Mal bringst du dein Zeug selber mit, ja? Ich bin doch nicht dein Dienstmädchen!" Auf diesen Trick war sie sogar richtig stolz – selbst wenn der Geier nachträglich noch misstrauisch werden würde.

Nur hatte sie kaum Zeit, stolz zu sein, denn ihre Nackenhaare kräuselten sich, und Dagmar zog wieder ein saubraves Gesicht. Klarer Fall von Schlusennähe! Der Geier stand hinter ihr.

Das Kräuseln ließ nach, Schritte tappten, die Tür klappte, der Geier war draußen, endgültig, endlich!

„Mann, das war knapp!" stieß sie vor.

Und Dagmar, dieses Seelchen, fragte erstaunt: „Warum hast du die Decke ins Wasser geworfen?"

„Weil sein Arm rausguckt!" Muss man denn auf *alles* selber aufpassen? Oder hatte der sich womöglich absichtlich gezeigt? „Vielleicht ist er ja gar nicht tot?"

Das hätte ein lockerer Spruch sein sollen, aber Dagmars verdammte Ruhe bröckelte endlich. Sie rief zwar: „Der *kann* ja gar nicht mehr leben." Hatte es aber plötzlich eilig, aus der Wanne zu steigen. „Warum jagst du mir denn so einen Schreck ein?" fragte sie, als müsse sie was erklären, und vergaß, den dicken Schaum abzuspülen, bevor sie sich ins Handtuch wickelte. Aber schon grinste sie wieder. „Ist schon ein komisches Gefühl, wenn du nach all den Jahren plötzlich einen Kerl zwischen den Beinen hast."

So locker sollte man sein! Dumme Sprüche, sogar *darüber*, sogar *jetzt*! Sie selbst war dagegen bereits fieberhaft am Überlegen, wie man den Kerl verschwinden lassen könnte. Wenn das Überlegen nur etwas leichter gelaufen wäre! Seit sie heute früh ins Bad gekommen war, lief überhaupt nichts mehr wie sonst! Sonst war's *sie*, die bestimmte, heute aber wurde sie von den Ereignissen einfach überrollt.

„Schwachsinn!" war alles, was sie dem dummen Spruch vom Kerl zwischen den Beinen zurückgab. Also auch ziemlich schwach.

Sofort wollte die Friese Befehle geben. „Wir wickeln ihn in die Decke."

Darauf wär sie selber gekommen! Aber dieses Biest machte weiter: „Dann packen wir ihn in deine Zelle …"

„Wieso in *meine*!?" Endlich wieder der richtige Ton. Überhaupt: was könnte sie dran hindern, einfach rauszugehen und so zu tun, als sei sie nie reingekommen?

An der Tür erreichte sie Dagmars schnippischer Vorschlag: „Wir können ihn ja auch hier liegen lassen."

Konnte man natürlich nicht! Die Friese würde das Maul nicht halten, und der Geier würde die Krallen wetzen.

Schon wieder Nebel! Und jede Menge Klicks. Trotzdem kehrte sie um und half Dagmar, Zöllner aus der Wanne zu zerren, in die Decke zu wickeln und abzutransportieren – ein nasser Sack in triefender Verpackung, verdammt schwer.

Das Wasser trüb, die Luft ganz rein – der Geier muss ersoffen sein! Wenn's nur gestimmt hätte! Der Geier stand im Aquarium und befragte Kittler und die Schnoor. Wenigstens hatte er ihnen den Rücken zugedreht, und die beiden Schlusen, die ihnen zugekehrt waren, weil sie den Geier anglotzten, *saßen* wenigstens, konnten also nicht bis auf den Boden runtergucken.

Stumm schleppten sie den nassen Sack weiter, geduckt am Mäuerchen vorbei.

Wenn bloß der Geier nicht diesen blöden Riecher hätte! Das hatte schon genug Scherereien gemacht. Und auch jetzt drehte die Adler sich genau in dem Augenblick um, als sie mit dem Sack direkt hinter ihr angekommen waren.

Sofort richteten sie sich auf und versuchten, so wenig wie möglich nach ertappten Kindergartenkindern auszusehen.

„Ist was?" säuselte der Geier.

Was antwortet man auf so eine dämliche Frage?

„Nein", sagte Dagmar. Das war genauso dämlich. Immerhin hatte sie den Mund aufgebracht.

Sofort bellte Jutta los: „Was steht ihr dann hier rum!?"

Inzwischen hatte Walter entdeckt, dass Jutta, über ihnen im Aquarium, fast bis zu ihren Füßen runtergucken konnte, und zu ihren Füßen lag schließlich der nasse Klumpen, also genau das, wonach sie suchte wie verrückt, wenn auch nicht gerade so, wie sie's erwartet hätte. Möglichst unauffällig schob sie den Klumpen mit dem Fuß näher zur Mauer hin.

Dabei müsste dringend auch sie mal was von sich geben. Schließlich war's *sie*, die sonst das Sagen hatte.

Aber zwei knifflige Sachen gleichzeitig, Reden und Arbeiten, das war mehr, als ihres Bruders Schwester an so einem Morgen, unter einen Hut bringen konnte. Also machte sie bloß: „Ach ..."

„... nur so", ergänzte Dagmar rasch, sehr liebes Kindergartenkind. Die war heute eindeutig besser drauf. Verflucht.

Sofort wandte Jutta sich ab und zeigte wütend den Rücken. Sofort packten sie an und schleppten weiter.

Die Befragung im Aquarium war offenbar beendet, Jutta stakste eilig Richtung Tür. Gleich würde sie rauskommen.

Den letzten Zipfel der Decke in die Zelle gezogen, die Tür zugeschlagen, den Atem angehalten. Die feuchte Spur führte geradewegs zur Zelle.

Aber nichts geschah.

Aufatmend wandte sie sich um – geschafft!

Die Decke war von Zöllners Gesicht gerutscht. Vivi stand

an der Wand wie hingepfeffert und starrte starr in Zöllners starren Blick. „Walter – was – hat – das – zu – bedeuten …?“

„Beruhig dich, Schatz, bitte“, gab sie locker zurück. „Und sei nicht laut.“

3

Alles hatte damit begonnen, dass zwei Neuzugänge eingeliefert worden waren. Nein. Die eine, Martina Tielmann, war schon da gewesen, ein halbes Jahr, aber auf der Iso, „Schutzhaft“ nannten die Schlusen das. Denn Martina hatte ihr Baby umgebracht, mit ihren eigenen Händen, sogar Uschi war angewidert. Und an diesem Tag war Martina wieder auf Station gekommen, auf eigenen Wunsch, wie es so schön heißt. Dabei wechselt im Knast immer bloß ein Zwang mit dem nächsten.

Am gleichen Tag jedenfalls war der echte Neuzugang gekommen: Susanne Teubner, Mann abgemurkst, lebenslänglich.

Kurz zuvor war die Schluse Jutta Adler zur „kommissarischen Leiterin“ aufgerückt, was heißt: die ganz harte Tour. Als Gegenmaßnahme hatte man sich organisiert: Walter nahm die „schweren Mädels“ unter sich, Uschi König die braven Mädchen oder was man so nennt: Urkundenfälscher und ähnliche Warmduscher. Dabei hatte auch Uschi auf ihren Macker geschossen, kein Volltreffer zwar, aber sein Betthäschen hatte es voll erwischt.

Klar, dass Walter die Erste war, die Susanne begrüßte, noch vor der Kleiderabgabe. Die Neue sollte ja nicht sang- und klanglos in *Uschis* Haufen untergehen. Aber die Neue stand da, schmal, hoch, knabenhafter Körper, feines Gesicht, die großen braunen Rehaugen ins Weite gerichtet – als verstehe sie die Welt nicht mehr.

Mit umständlichen Begrüßungen hatte Walter noch nie was am Hut gehabt. „Na, noch Jungfrau?"

Susanne sah stumm rüber, immerhin: der große braune Blick war aus der Weite zurück.

Sanft fragte Walter: „Zum ersten Mal im Knast?"

„Ja." Sogar die Stimme war süß.

Dass Susanne ihr jetzt hilflos den Rücken zuwandte, störte nicht, im Gegenteil. So konnte man ungestört an den langen braunen Haaren riechen und die zerbrechlichen Schultern streicheln.

„Keine Angst, Süße", tröstete Walter. „Ich hab ein Auge auf dich."

Großes Schweigen. Keine Regung.

Dabei hätte sie sich bedanken können, immerhin hatte Walter Schutz angeboten. Nicht unwichtig, so was!

Na, dazu war's wohl noch zu früh. Die musste erst mal richtig ankommen. Das heißt: Dusche und die übliche Untersuchung bei Dr. Beck, als könnte man Dreck und Krankheit draußen halten, anschließend für die erste Nacht in die Aufnahmezelle.

Günstige Gelegenheit.

„Endlich allein?" grüßte Walter höflich.

Susanne fragte, als sei das ein unsittlicher Antrag gewesen: „Was wollen Sie von mir?"

„Gute Nacht sagen, was sonst?" war die harmlose Antwort.

Aber Susanne drehte sich weg, als sei das noch viel unsittlicher gewesen.

Von solch verschämtem Abwenden hatte Walter sich noch nie abhalten lassen, wollte noch einmal den wundervollen Duft der Haare einziehen, aber dann fiel ihr Blick auf den offenen Koffer, auf die luftigen Dessous. Den hinreißenden Büstenhalter nahm sie raus und ließ ihn durch die Hand gleiten. „Schade eigentlich, dass du nicht in *meinem* Käfig liegst. Ich schwöre dir, deine erste Nacht hier, die würdest du garantiert nicht vergessen." Sie streichelte sich mit dem BH das Gesicht und warf einen prüfenden Blick rüber. „Jammerschade."

Susanne machte Augen, als sei sie bereit, sich notfalls zu verteidigen, trotz Schiss.

„Warum so schüchtern?" munterte Walter sie auf und stellte sich vor sie hin. „Du stehst doch sowieso nicht auf Männer."

Großer brauner Blick.

„Oder warum sonst hast du deinen Alten umgebracht?" Das war der erste Treffer.

Zurückzucken im braunen Blick.

„Da staunst du, was?" protzte Walter. „Ich bin über alles hier bestens informiert!"

Dummerweise kam Silke herein, Silke Jacoby, Schlusenhäuptling Station B, trotzdem für eine Schluse nicht mal ganz übel.

„Ich wollte ihr nur ‚Gute Nacht‘ sagen“, behauptete Walter. „Stimmt's?“ Nicht einmal auf diese einfache Frage kam Antwort.

Also hängte Walter Susanne den BH über die Schulter, was sie geschehen ließ, als bemerke sie's überhaupt nicht, weshalb Walter den BH streichelte, unterm BH die schmale Schulter, und gleich noch vorn runter, wo die Brüste so scheu vorguckten, als sei auch ihnen nicht wohl.

Jetzt *musste* die Jacoby eingreifen. „Na!“ sagte sie, mehr nicht. Ziemlich gemäßigt also.

Zu weit muss man's trotzdem nicht treiben. Also ließ sie Susanne stehen, machte Richtung Silke „ja, ja“ und zog sich zurück.

Am nächsten Morgen großer Einzug auf die Station. Alle standen da. Stummer Leichenzug mit Trauergästen: Ilse Brahms, die Küchenhilfe, Scheckbetrug; die silberhaarige Margarethe Korsch, Mutz genannt, früher Krankenschwester, jetzt Gärtnerin, drei Menschen auf dem Gewissen, Sterbehilfe; Vivien Andraschek, Vivi genannt; Dagmar Friese; Regine Seifert, die Terroristin; Ursula König, Uschi genannt, der Boss der braven Mädchen; Ilona Kühne, Lollo genannt, ehemaliges Filmsternchen und Model, die Sexbombe; Katrin Tornow, verwöhnter Junkie schwerreicher Eltern; und so weiter; nur Jeanette Bergdorfer, die österreichische Putze, lag noch im Bett, und Walter hielt sich noch in der Zelle zurück. Ersten gehörte sie nicht zum großen Haufen, zweitens hatte sie was vor, nämlich den großen Auftritt. Brach herein wie das Unheil persönlich und verstellte der Kindsmörderin den

Weg. „Wenn wir mit dir fertig sind, kriechst du hier auf allen Vieren raus, du miese Schlampe."

Zöllner hielt die Klappe, war auch besser für ihn. Und Susanne blieb stumm, wie bisher. Nur Silke Jacoby sagte was, gemäßigt, wie üblich.

Susanne kam in Dagmars Zelle, dort war noch ein Platz frei. Gelegentliche Besuche würden also kein Problem sein. Dagmar gehörte zu Walters Mannschaft.

Wie das gemeint war, stellte Walter beim Frühstück klar. Dagmar saß neben ihr, Teller vor sich, als Susanne mit dem Einräumen der Zelle fertig war und zum Essen kam. Kurzerhand schubste Walter Dagmars Teller einen Platz weiter, gab ihr, weil sie motzte, einen Klaps auf den Kopf: „Halts Maul." Und wandte sich Susanne zu: „He, Süße, hier ist noch ein Platz frei."

Klar, dass die zögerte, ganz sympathisch eigentlich; die konnte ja noch gar nicht wissen, wie's hier läuft, und so ein schüchternes zartes Wesen war sogar richtig reizvoll. Hätte sie die Klappe aufgerissen, hätte sie eine draufgekriegt, und der Fall wäre erledigt gewesen.

„Na los!" befahl Walter. Nur laufen schüchterne zarte Wesen manchmal davon wie scheue Rehe. Also ein paar Grad freundlicher: „Wird's bald?"

Nach einem raschen Blick in die Runde – natürlich hielten sich alle raus – setzte Susanne sich. Neben Walter.

Und Walter hieb genüsslich ins Brötchen. „Braves Mädchen."

Nur kam in diesem Augenblick Martina rein, die Tielmann,

der Babykiller. Hatte fürs Einräumen wohl ein bisschen länger gebraucht. Wollte frühstücken wie alle anderen. Nahm sich einen Teller und steuerte den freien Platz neben Vivi an. Die sah fragend rüber, Walter nickte knapp, und schon gab Vivi dem Stuhl einen Tritt. Steuerte den Platz neben Uschi an, und Uschi schob den Stuhl mit Knall gegen den Tisch. Natürlich ohne vorher irgendwen zu fragen.

Klar, dass die Tielmann ihre Unschuld beteuerte. *Die* Platte war schon oft gelaufen. Musste man ihr wohl noch mal erklären, ausführlich, hätte Walter auch getan, wäre die Bergdorfer nicht vom Stuhl gekippt. Krankenstation.

Wenigstens musste sie dafür nach dem Frühstück nicht in die Wäscherei.

Dort ging das Gerangel mit Uschi um die Neue los, um Susanne natürlich; Martina wollte niemand.

Susanne ging mit einem Stapel gebügelter Unterhosen zu Uschi. „Wo soll das hin, Frau König?"

„Sag um Gottes willen Uschi zu mir!" Aber da stand Walter schon da: „Hei! Wenn du Fragen hast – *ich* bin für dich zuständig, kapiert?"

Susanne guckte, sagte aber nichts.

„Lass die Kleine in Ruhe!" spielte Uschi sich auf. „Die hat *mich* gefragt, das war doch wohl deutlich genug."

Womit sie Recht hatte, leider. Zum Glück ließ Martina, der Babykiller, die frisch gewaschene Wäsche in den Dreck fallen. So konnte man ein paar Fliegen mit einer Klappe schlagen und zeigen, wer hier der oberste Boss ist.

Und dieser Boss zeigte Martina ganz lieb, wie man bügelt,

was ja wirklich nicht einfach war. Ein riesiges Ding, in das man sich legen könnte, wie im Sonnenstudio. Martina, die blöde Kuh, legte also das erste Stück rein, und zack! hatte Walter die Klappe runtergedrückt und bügelte Martinas Pfoten. Klar, bei so einem Gebrüll, dass die Schlusen rennen.

Silke brachte Martina zur Krankenstation, und Zöllner spielte Kommissar: „Was ist passiert?"

Gegen Schlusen hielt man zusammen, sogar mit Uschi und ihren Leuten. Oberstes Gebot. Die Neue aber sang, lieblich wie ein Vögelchen: „Die Walter hat ihr die Hände verbrannt, mit der Bügelmaschine!"

„Das war 'n Unfall!" verbesserte Walter kalt. Details wirken immer überzeugender, deshalb schob sie nach: „Die blöde Ziege hat sich angestellt wie der letzte Mensch."

Klar, dass Zöllner das nicht glaubte, wegen Susanne.

In solchen Fällen war auf Uschi schon immer Verlass gewesen. Locker meinte sie: „Ach was, die Neue hat den Knastkoller, die sieht am helllichten Tag Gespenster."

Kaum war Zöllner abmarschiert, um vor dem Geier großzutun, schob Walter breit und gemütlich auf Susanne zu, wobei sie den Schwarm ihrer Mannschaft hinter sich herzog, als erste Vivi, Katrin und Dagmar. Baute sich vor Susanne auf, die ihr aus ihren schönen Augen ängstlich entgegensah, und bemerkte sanft: „Verräterinnen mögen wir ganz besonders."

Schweigen.

Sollte dieses Rehlein doch gucken und aussehen, wie sie konnte! Wer quer steht, muss eingepasst werden, zur Not mit Schlägen.

Noch sanfter: „Soll ich dich mal ein bisschen an der Mangel einarbeiten?“

Große Augen.

Rasch zog Uschi Susanne außer Reichweite. „Jetzt pass mal ganz gut auf, Kleines. Es gibt hier drin ein paar Regeln. An die hält man sich, wenn man überleben will …“

Ödes Einpassen konnten ruhig andere übernehmen; wenn's drauf ankommen würde, wäre wieder *sie* dran. Das hatte sie im Gefühl. Und auf dieses Gefühl hatte sie sich schon immer verlassen können.

4

Dummerweise war Jeanette nicht die Erste. Die Krankenstation war mit Lebensmittelvergiftungen überfüllt. Lebensmittelvergiftungen kommen vom Essen, und Essen kommt aus der Küche. Also warf Walter das Mittagessen, das Ilse rausreichte, kurzerhand in die Küche zurück.

Uschi wollte wie üblich verhandeln. Walter wollte losschlagen. Dazu hatte sie Silke bereits am Kragen gepackt.

Uschi rettete Silke mit der Forderung nach einer Überprüfung des Essens durchs Gesundheitsamt. Und Silke, Walters Fäusten entkommen, eilte davon, nur um bei nächster Gelegenheit betreten bekannt zu geben, die Adler sehe „keinen Handlungsbedarf".

Zur Vorsicht hatte Silke dazu Zöllner mitgebracht. Der war aber kein bisschen vorsichtig und maulte irgendwas von wegen Erpressung und ähnlichen Mist.

„Halts Maul, du Arschloch, sonst passiert was!" brüllte Walter los.

Diesmal rettete Uschi eben Zöllner und marschierte persönlich zur Adler, um ihre Forderung zu wiederholen.

Zwecklos. Der Geier hatte noch nie irgendetwas freiwillig oder ohne Gegenleistung getan. Bei dem musste man sogar drauf gefasst sein, dass er Uschi bei dieser Gelegenheit als Spitzel anheuern wollte.

Genauso zwecklos, klar. Regine aber meinte, das auch noch erklären zu müssen. Nur klang das bei Regine immer irgendwie so, als halte sie Walter für beschränkt. Jede andere hätte das bereut.

Regine aber war auf seltsame Weise unberührbar. Letztlich war auch sie ein Boss, wie Walter und Uschi. Nicht ganz, denn sie hatte kein Rudel um sich. Eine einsame rothaarige Leitwölfin, die nirgendwo hingehörte, sich auf keine Seite schlug, doch wenn sie, selten genug, die Stimme erhob, hörten alle zu.

Das Maß war voll, als Jeanette auf einer Trage abtransportiert wurde. Susanne fing auch schon an rumzukotzen, hätte aber genauso gut wegen was anderem sein könnte. Katrin hatte neben dem Telefon mitgehört, dass Susanne Probleme mit der Schwiegermutter und den beiden Bälgern hatte.

Diesmal warf Walter das Essen nicht mehr in die Küche zurück, sondern kippte den Bottich, Essen für die ganze Station, auf den Boden. Gulasch mit kotzbrauner Soße – eine Riesensauerei.

Zöllner riss das Maul auf. Sagte, die Weiber würden nichts anderes kriegen, von ihm aus könnten sie das Zeug vom Boden auflecken.

Dumm geboren, nichts dazugelernt, dumm gestorben. Denn dumm war's schon, dass er Walters Kampfruf „die wollen Krieg!" nicht Ernst genommen hatte. Pech kam natürlich dazu, denn er stand direkt hinter ihr. Walter musste bloß den Ellbogen ausfahren, der Ellbogen rammte sich in Zöllners Magen, Zöllner klappte nach vorn, griffgerecht für Walter, die bequem zupackte und ihn ins Gulasch drückte. „Leck doch selber, du Arschloch!"

Auch Silke kam nicht mehr glimpflich davon. Walter ließ sie als Geisel festnehmen. Und Uschi blieb nichts anderes übrig, als mitzumachen. Denn die Meuterei war bereits voll am Laufen.

Mit Zöllners Schlüssel schlossen sich die Frauen auf Station ein, die beiden Geiseln wurden auf Stühle gefesselt, und als nächstes forderte Walter den Geier via Sprechanlage auf, er solle seinen Vorgesetzten holen, Walter wolle mit ihm reden.

Dass kurz drauf irgendwas in der drunter liegenden Küche in die Luft flog, war nicht eingeplant, auch wenn's von außen vielleicht so aussah. Mit der Meuterei hatte das nicht das Geringste zu tun. Es hätte auch weiterhin nichts damit zu tun gehabt, wäre nicht brenzliger Qualm heraufgezogen und hätte bei einigen Gänsen Panik ausgelöst, natürlich bei Uschis Gänsen, Lollo voran, die kreischend und heulend an der verschlossenen Gittertür hing und sich erst beruhigte, nachdem Uschi endlich doch mal zugeschlagen hatte. Ohrfeigen waren ja schon immer ein beliebtes Erziehungsmittel.

Dass Ilse irgendwie hinter der Explosion in der Küche steckte, stellte sich erst raus, als man den Koch und Mutz abtransportierte. Da heulte sie los, das habe sie nicht *gewollt*, eigentlich auch gar nicht *getan*, nur *nicht verhindert*, wie auch immer. Das Bedauern galt natürlich Mutz. Die konnte schließlich nichts fürs Essen, die hätte auch gar nicht in der Küche sein sollen, sondern, wenn schon, in der Gärtnerei.

Nun traf diese Scheiße alle. Denn der Brand heizte die Station ganz schön auf. Dass auch noch die Neue umkippte, war dagegen ein Furz. Kümmerte sich auch keiner drum, außer Martina, der Babykiller. Aber wer war das schon? Eben.

Trotzdem kriegten allmählich selbst die cooleren Mädels kalte Füße. Obwohl – eigentlich hätten sie heiße Füße kriegen müssen. Vivi kam sogar extra her und bat: „Lass uns doch hier raus, ich *will* nicht sterben." Ganz lieb eigentlich. Aber wer war eigentlich Vivi? Fußvolk, sonst nichts.

Der Boss dagegen hatte den Laden im Griff, deutete knapp zur umgekippten Susanne rüber und knurrte: „Die da hinten kriegen wir auch wieder auf die Beine. Für schwache Nerven ist hier kein Platz."

Nur fiel dann der Strom aus. Stockfinster. Die Katastrophenstimmung war perfekt.

Dabei war doch klar, dass der Geier sie nicht verschmoren lassen durfte. Die Geiseln wären mitverschmort. Also ließ der Geier den Brand löschen und den Strom wieder anstellen. Nur wollte er dafür die Station stürmen lassen. Draußen war das Rollkommando angerückt.

Walter befahl, die Station zu verbarrikadieren. Aber plötzlich war Uschi wieder anderer Meinung. Die wollte wieder reden, schnappte das Mikrofon der Sprechanlage und meldete sich bei der Adler. Statt Uschi redete aber dieser Niemand, die Tielmann. Entriss Uschi das Mikrofon und rief nach einem

Arzt: „Susanne Teubner stirbt!“ Muss sich das blöd angehört haben, draußen bei der Adler.

Tote waren nicht eingeplant. Also wurde Dr. Beck reingelassen, aber nicht ohne dass Walter ihn genussreich gefilzt hatte – während ein paar aus ihrem Haufen das Arztköfferchen filzten, aber nicht ohne einiges davon in den Ausschnitt zu stecken, vor allem natürlich Katrin Tornow.

Beck verlangte, dass Susanne auf die Krankenstation gebracht wird, wofür er Prügel bezogen hätte, hätte Vivi Walter nicht davon abgehalten. Vivi? Was hatte *die* denn zu sagen!? Trotzdem wurde Susanne abtransportiert, und Beck verschwand wieder.

Wenigstens hatte er zuvor noch gesagt, dass der Geier abgesetzt war und irgendeine Dr. Evelyn Kaltenbach die Leitung übernommen hatte.

„Sagen Sie der Neuen, sie soll sich warm anziehen!“ hatte Walter ihm als schönen Gruß mitgegeben.

Das brauchte die Neue offenbar nicht. Meldete via Sprechanlage ihr Kommen an, sie wolle reden – wohl eher ein Fall für Uschi. Walter würde höllisch aufpassen müssen.

Und sie kam tatsächlich. Das hätte der Geier nie gewagt. Gut, auch die Kaltenbach kam nicht allein, sondern mit zwei Schlusen, der schmierige Kittler, der dümmliche Dahnke. Die taugten höchstens als Pfadfinder, die Neue kannte sich ja noch nicht aus.

Walter warf einen Blick auf sie und lachte gemütlich. „Wo haben sie *die* denn her? Aus dem Mädchenpensionat?“ Ließ die Schlusen zurücktreten und die Kaltenbach eintreten.

Die nächste Filze war angesagt. Die übernahm Walter sogar gerne. Mädchenpensionat wäre sowieso genau ihr Fall gewesen.

Mädchenpensionat? Pustekuchen! Als erstes befahl die Kaltenbach den Abzug des Rollkommandos; und das Rollkommando zog ab. Als nächstes wollte sie die Geiseln beim Gespräch dabeihaben; die Geiseln wurden geholt.

Zöllner sah übel aus, blutverkrustete Visage, aber nachdem die Kaltenbach sich als neue Chefin vorgestellt hatte, gab er zu, sich die Schmisse selber beigebracht zu haben. War mit dem Stuhl umgekippt, der Trottel.

Als drittes aber bot die Kaltenbach einen Handel an: Geiseln rauslassen, sie selbst drinbehalten.

Irgendwie unheimlich, wie sicher diese Kaltenbach sich aufführte. Als würde das im Mädchenpensionat zur Tagesordnung gehören.

Wenigstens genehmigte Walter nur den Abgang *einer* Geisel. Die neue Chefin sollte bloß nicht glauben, sie allein sei gleich viel wert wie zwei. Frau gegen Frau, befahl Walter und ließ der Jacoby die Fesseln vollends abnehmen.

Silke rieb sich die Handgelenke. Fesseln müssen straff sitzen. Bei Silke waren sie eindeutig zu locker gewesen. Denn Silke schlug vor, dass nicht sie, sondern Zöllner rausging, wegen der Verletzung.

Zöllner, dieser Brocken von Manns, zierte sich natürlich. Und stimmte zu. Eine Frau ist allemal mehr wert also so ein Jammerlappen. Zum Abschied trat Walter ihm saftig in den Arsch, und unter begeistertem Johlen der gesamten Station –

außer Kaltenbach und Jacoby natürlich – flog er raus und ging vor Dahnke und Kittler auf die Knie.

Die Diskussion wäre also bestens gelaufen, hätte die Kaltenbach den Bogen nicht überspannt. Denn nachdem sie alle Beschwerden zur Kenntnis genommen hatte, wollte sie auch noch wissen, was Martina Tielmann zu sagen habe. Sofort sprang Walter auf und erklärte: „Die gehört nicht zu uns." Wütend: „Die Kaltenbach lullt uns doch bloß ein mit ihrem Gequatsche." Hielt ihr den Baseballschläger unters Kinn, damit sie nicht weggucken konnte, betrachtete sie genau und grinste: „Na ja, wie eine Selbstmörderin sehen Sie ja nicht gerade aus."

Immerhin per Sie. Dem Geier wäre das nicht passiert. Der Geier hätte ja auch keine Untersuchung der Küchenzustände versprochen, und die Kaltenbach versprach sogar totale Straffreiheit für die Meuterei.

Das war fast zuviel. Die konnte doch sagen, was sie wollte, und sich später, wenn alles vorbei war, an nichts mehr erinnern. Sollte sie ruhig ihr hübsches Köpfchen anstrengen und beweisen, dass sie zur Leitung von Reutlitz überhaupt fähig war.

Ihrem Köpfchen fiel tatsächlich etwas ein. Sie wollte alle Versprechungen öffentlich wiederholen. Jetzt gleich. Vor den Toren stand schließlich die versammelte Presse. Meuterei im Knast ist immer eine Schlagzeile wert. Und dazu wollte sie die beiden Anführerinnen – Walter und Uschi – mit rausnehmen.

Was Besseres hätte ihr nicht einfallen können.

Nur – als sie lieb und nett zu dritt aus dem Haus kamen, griff das Rollkommando zu. Auch Walter griff zu, und zwar die Gurgel der Kaltenbach, wurde aber gepackt und ging neben Uschi zu Boden; wenigstens riss sie das Mädchenpensionat mit, die Kaltenbach, dieses hinterlistige Aas.

Irrtum. Die war selber überrumpelt worden. Denn als sie ihren Hals endlich frei hatte, scheuchte sie das Rollkommando zurück; und das Rollkommando zog ab.

Walter und Uschi standen auf und klopften Dreck aus den Kleidern, wortlos. Denn dass der Geier hinter der Teufelei steckte, musste jetzt nicht noch extra besprochen werden.

Nachdem die Kaltenbach mit dem Massieren der Gurgel fertig war, krächzte sie, nun könne man vor die Presse treten.

Uschi musterte sie einen Moment, dann sagte sie leise: „Wir glauben Ihnen auch so."

Das hätte man vorher aber ruhig extra besprechen können. Trotzdem zog Walter den Stationsschlüssel aus der Tasche und überreichte ihn der neuen Chefin.

Wortlos wandten sie sich um und gingen hinein. Unterwegs rammte Walter freundlich den Ellbogen in Uschis Hüfte und raunte: „Du hättest mich ja wenigstens mal fragen können." Uschi gab freundlich zurück: „Und *du* solltest vielleicht mal in den Spiegel sehen."

Verdreckt, zerzaust und zerrissen würde sich ja wohl niemand gern knipsen lassen, oder?

Damit wäre die „Meuterei von Reutlitz" zu Ende gewesen. Hätte der Geier seine gerechte Strafe nicht sofort bekommen. Der musste nämlich um zweiundzwanzig Uhr den Nachteinschluss machen. Dazu hatten bisher die Untergebenen herhalten müssen. Nun war er selber einer.

Walter war die letzte, und Walter grinste genüsslich: „Die Neue zeigt dir jetzt, wo's langgeht!"

Dann spazierte sie gemütlich in die Zelle. Schließlich hatte die Kaltenbach absolute Straffreiheit versprochen. Und bevor die Tür ins Schloss fiel, brüllte sie: „Geiers Sturzflug!"

Was für ein Genuss!

5

Falls jemand meint, die Meuterei sei der direkte Weg zum Mord an Zöllner, meint er falsch. Bisher hat sich lediglich geklärt, weshalb nicht mehr der Geier das Sagen hatte, und wie die Kaltenbach ins Spiel gekommen war.

Und so ganz nebenbei hat sich angedeutet, worauf Walter sofort scharf gewesen war, nämlich auf Susanne Teubner, und die wäre garantiert weich geworden, hätte Walter Druck gemacht.

Mit Verräterinnen aber stieg sie niemals ins Bett. Nicht einmal mit hübschen.

Es gibt schließlich noch andere. Die sind, recht betrachtet, kein bisschen weniger hübsch, nur anders, Vivi zum Beispiel. Die war bisher zwar noch nicht groß aufgefallen, aber nach der Meuterei brachte sie sich nachdrücklich zur Beachtung. Und zwar als Susanne sich vor den Waschmaschinen bei Martina für die Hilfe während der Meuterei bedankte. Dabei war ausdrücklich abgesprochen worden, auch mit Uschi, man solle Martina links liegen lassen.

Weshalb Walter Susanne sanft mitteilte: „Es soll schon mal

vorgekommen sein, dass jemand die ganze Nacht in der Waschmaschine verbracht hat." Woraufhin Susanne aufsprang, gegen Dagmar stieß, die gerade mit dem Wäschetrolley vorbeikam, ausweichen wollte und Lollo anrempelte, die sie ärgerlich weiterschubste, weshalb sie plötzlich bei der Bügelmaschine stand, neben Vivi, die ihr mindestens so sanft wie Walter mitteilte: „Es hat sich schon mal jemand die Finger in dem Ding gewärmt, nach ein paar Minuten sind sie gar." Und Vivi knallte die Klappe runter. Bloß zur Anschauung natürlich.

Aber Susanne, stark wie ein kleiner Kläffer, sobald er Frauchen in der Nähe weiß, rief: „Die *hat* ihr Kind nicht umgebracht!" Das brachte sogar Uschi zum Abwinken. Wofür sie sich eine Predigt anhören musste: „Drohen, das könnt ihr, da seid ihr ganz stark. Aber von *dir* hätte ich mehr erwartet. Ihr fühlt euch nur stark, wenn ihr anderen Angst machen könnt!"

Die kläffte sogar gegen Frauchen Uschi. Dagmar hatte ja erzählt, dass sie Lehrerin gewesen war, im anderen Leben. Lehrer sind aber genauso mies wie Schlusen. Was Uschi offenbar auch fand. Sie blaffte bloß: „Wir sind hier nicht das Müttergenesungswerk. Ist das klar!?" Sonst hätte man doch noch eingreifen müssen.

Also alles wie immer, nur Vivi war aufgefallen. Schon zum zweiten Mal. Und dann kam sie auch noch in die Zelle spaziert, als sei Walter der Pate.

Genauso wenigstens fing sie an: „Der Babykiller muss weg! Seit die hier ist, dreht sich mir der Magen um. Ich könnt kotzen, wenn ich die nur sehe, dieses Dreckschwein. Diese Hände! Mit denen hat sie ihr *eigenes* Kind umgebracht."

An sich ziemlich schmeichelhaft. Bloß sagte sie auch noch: „Dass sogar *du* dir das bieten lässt!“

„Hei!“ protestierte Walter. „*Was* lass ich mir bieten?“

Das wirkte. Denn Vivi sagte leise: „Wenn dir was an mir liegt, dann sorg dafür, dass der Babykiller verschwindet.“

„Du glaubst doch wohl nicht im Ernst, dass die Tielmann dir auch nur *ein* Haar krümmt?“ Das war Walter, der Pate. Dann kam Walter, der Jäger: „Du hast doch mich – wenn du willst.“

Vivi stotterte: „Nein – doch! Dich will ich ja schon, irgendwie, aber …“ Und fand zum alten Thema zurück: „Wer sein Kind umbringt, der hat überhaupt kein Recht zu leben.“

Mit Echo.

Dieses prächtige Weibsstück mit der hübschen Stupsnase überm trotzigen Schmollmund zwischen den Pausbacken und den dunklen Augen unterm wehenden Blondhaar – konnte *die* so was ernst meinen? Immerhin Anstiftung zum Mord.

Irgendwie musste sie das Zögern bemerkt haben, denn sie erklärte: „Ich hatte ein Kind, als ich fünfzehn war. Den dicken Bauch, den hatte ich meinem Alten zu verdanken. Abtreibung kam nicht in Frage, wegen Kirche und so …“

Sich an einer Zigarette festhalten zu können hat Vorteile.

„Das Schönste in der Schwangerschaft, das war sein Herzschlag in meinem Bauch. Ich hab in meinem ganzen Leben noch nie – noch keinen Menschen so geliebt.“

Liebe – damit war sie ans richtige Thema geraten. Nur sprach sie nicht mehr weiter. Irgendwie war die Geschichte aber sicher weitergegangen. Also fragte Walter leise: „Was ist aus ihm geworden?"

„Ich hatte den Kleinen kaum im Arm, da war er schon weg. Die haben ihn zur Adoption freigegeben. Ich hab ihn nicht mal gesehen!"

Jedenfalls war man nicht die Einzige, die jede Menge Schrott in der Vergangenheit liegen gelassen hatte.

Hart drückte Walter die Zigarette aus und wischte heimlich die Nase. Dieses große Mädchen brauchte ja nicht unbedingt zu merken, dass sogar Paten heulen könnten. Der Pate aber knurrte: „Tut mir Leid." Und strich Vivi die widerspenstige Strähne aus dem Gesicht. „Du weißt nicht, wo der Kleine jetzt ist?"

Stummes Kopfschütteln, sogar Tränen.

Da musste man fast nicht nachhelfen. Schon sank ihr Vivi an die Brust.

Die hatte sich ja direkt angeboten. Allerdings verknüpft mit der Aufforderung zum Mord. Hatte zur Begründung eine Geschichte geliefert, zum Heulen. Und ließ sich dafür streicheln.

Irgendwie hatte dieses große Mädchen sich ihr anvertraut, mit Haut und Haar, fast ausgeliefert. Hatte erzählt, was sie garantiert noch keinem Menschen erzählt hatte. Nicht wie sonst. Sonst wurden Walter, dem Boss, die Informationen aus irgendeiner Ecke der Gefolgschaft zugesteckt.

Vivi hatte sich was getraut. Alle anderen hatten viel zu viel Schiss, vor den schnellen Sprüchen, den harten Fäusten.

Vivi aber war nicht bloß zu *ihr* gekommen. Sie hatte schlicht und einfach gestanden, dass sie Hilfe braucht und sicher ist, dass ihr geholfen werde. Als Mensch, nein, viel mehr: als Frau.

Würde Martina verschwinden, würde Vivi Walter gehören, soweit klar. Und hätte Vivi in den Handel bloß ihren Körper eingebracht, wär's keine Frage.

Aber Liebe? Ach du Scheiße – das könnte kompliziert werden.

6

Trotzdem hätte Walter sich sofort ernsthaft um den Handel gekümmert; die Sache war schließlich echt reizvoll. Nur ließ die Kaltenbach, offensichtlich zum Ärger des Geiers, den Privatbesitz der Frauen aus der Kleiderkammer austeilen. Jede bekam, was sie wollte, und zwar ohne Wenn und Aber. Nur Walter nicht.

Zöllner, dem Sack, schmeckte wohl schlecht, dass die Kaltenbach die zugesagte Straffreiheit auch durchzog. Wahrscheinlich dachte er, hinter seinem vergitterten Schalter könnte er sich gefahrlos fürs Gulasch und andere Peinlichkeiten rächen. Saß also dick und fett auf seinem dicken fetten Arsch und faselte was von Drogenverstecken in Radios, riss genüsslich die Kondensatoren raus, brach die Antenne ab und knickte die Platine zu Schrott.

Uschi, die zufällig daneben stand, wusste offenbar, wie gefährlich das war. Auch wenn Walter ganz ruhig blieb. Vielleicht dachte Uschi auch, wenn sie ein wenig Dampf ablassen würde, könnte sie das Schlimmste verhindern. Jedenfalls sagte sie zu Zöllner: „Wenn dein Ding da unten genauso verkümmert ist wie dein Hirn, dann hast du ja wirklich wenig zu lachen."

Darüber lachte Walter durchaus. Aber nur kurz. Dann schlug sie zu, Zöllner voll in die Fresse. Wenn nicht das Gitter dazwischen gewesen wäre.

Ließ den Schrotthaufen, der mal ihr Radio war, liegen, machte kehrt und ging davon. Wer sie kannte, duckte sich weg und machte Platz.

Zöllner hätte also durchaus gewarnt sein können. Falls er nicht zu blöd dazu war.

Martina war *nicht* zu blöd. Die hatte schon bei ihrer Ankunft genau verstanden, was Walter gesagt hatte. Und als Walter nun unter Volldampf in die Zelle kam, kroch sie in die hinterste Ecke und zog ein weinerliches Gesicht.

Walter schnappte sich einen Stuhl, knallte ihn vor Martina hin, hockte sich breit drauf und erklärte ganz sanft, beinah liebevoll: „Deinetwegen geht hier manch eine auf'm Zahnfleisch. Im Gegensatz zu dir wären die nämlich froh, wenn sie ihr Kind noch hätten. Aber Leute wie *du* haben es ihnen weggenommen."

Klar, dass der Babykiller wieder mal seine Unschuld beteuerte.

Noch immer ganz sanft: „Ich an deiner Stelle, ich hätte mich schon längst abgeknallt. Eine Mutter, die ihre Kinder tötet, die hat doch eigentlich kein Recht zu leben, oder?"

Genau Vivis Worte. Und auch dem Babykiller streichelte sie eine Strähne aus dem Gesicht.

Martina aber jammerte bloß weiter: „Ich *hab* es nicht getan!"

Die war eben *doch* zu blöd. „Du hast es *immer* noch nicht kapiert!“ brüllte Walter los. „Entweder du verschwindest sofort von der Bildfläche, und zwar rapido! Oder *wir* erledigen das!“ Stand auf und rauschte ab.

Jetzt musste sie nur noch dafür sorgen, dass der Babykiller nicht wieder Schützenhilfe bekam. Von der Teubner zum Beispiel.

Dem baute sie vor, und zwar, als sie kurz drauf alle unter der morgendlichen Dusche standen, Susanne, sie und Vivi, genau in dieser Reihenfolge.

Schlecht sahen sie beide nicht aus, wahrhaftig. Aber das sollte Susanne einen alten Dreck nützen. Walter hatte jetzt ja Vivi, fast zumindest.

Beiläufig teilte sie Susanne übers Mäuerchen mit: „Wenn du dich weiter so anstellst, sind deine Tage hier gezählt!“

Wortlos, aber eilig duschte Susanne fertig und ging hinaus. Auch Vivi war fertig und wollte hinaus, stieß an der Tür aber auf Martina. Die hatte sich von ihrem Schreck wohl erst mal erholen müssen und war ziemlich spät dran. Die meisten schlüpften gerade in den Bademantel und verschwanden.

Dass hinter Walters Besuch Vivi steckte, konnte Martina ja nicht wissen. Und so blieb sie einfach nur stehen, als Vivi sich vor ihr aufbaute und ihr die Wange tätschelte. Fast genau so zärtlich wie Walter vorher. Beim Tätscheln entdeckte sie Martinas Ohrringe, ließ sie durch die Finger gleiten und meinte: „Oh, Gold! Solche hatte ich auch mal.“ Gab den freundlichen Hinweis: „Schön drauf aufpassen!“ Wandte sich ab und ging hinaus.

Inzwischen waren alle draußen. Walter war mit Martina allein.

Rasch streifte Martina den Bademantel ab und wollte zu den Duschen.

Nichts dran, an diesem Babykiller! Eine halbe Portion, fast selber noch ein Baby. Nicht üppig wie Vivi, nicht knabenhaft wie Susanne. Einfach lächerlich. Ließ sich brav von einer Dusche zur nächsten schicken, und als Walter von diesem Kindergartenspiel genug hatte und Martina endlich hätte duschen können, drehte Walter den Haupthahn kalt ab und den Haupthahn warm voll auf.

Schon jammerte der Babykiller aus der Dampfwolke. Und in diese Wolke trat Walter, ganz sanft, und auch sie ließ die Ohrringe durch die Finger gleiten.

Zack! hatte sie die Klunker runtergerissen.

Dass Babys brüllen können, weiß man ja. Babykiller können's aber auch. Und wie viel Blut in so kleinen Ohrläppchen steckt, war nebenbei auch mal wieder bewiesen worden.

Bewiesen worden war außerdem, dass Walter es ernst meinte. Das würde sich rumsprechen, bis nach oben.

Und siehe da – wer bot der Kleinen, als sie mit verbundenen Öhrchen wieder auf Station erschienen war, seinen Schutz an? Zöllner, die Drecksau. Natürlich nicht aus reiner Nächstenliebe. Zöllner hatte schon immer Gegenleistungen verlangt, zur Not in Naturalien, über Katrin wurde ja auch so allerlei gemunkelt.

Dichtgehalten hatte die Tielmann jedenfalls, so weit funktionierte sie bestens. Müsste sich also nur noch verkrümeln, egal wie, Verlegung, Schutzhaft, Hauptsache Vivi aus den Augen.

Denn die Geschichte mit Vivi ließ sich prächtig an. Sie turtelten miteinander wie Verliebte auf der Frühlingswiese. Na, Frühling war's nicht, und Wiese hatten sie auch nicht, aber wenigstens den Gruppenraum, und da balgten sie fröhlich herum, belacht von den anderen, alles war wunderbar. Bis der Babykiller reinkam.

Vivi machte sich sofort steif. Und die Kleine wollte sich trotzdem irgendwohin setzen. Vivi schickte sie weiter, Katrin schickte sie weiter, Susanne tat, als merke sie nichts, kramte im Kühlschrank, entdeckte den vollen Aschenbecher, den Walter der Eile halber dort entsorgt hatte, schimpfte herum, nicht gerade laut, eher wie eine Mutter, die vor sich hinmotzt, weil sie irgendeine Untat der gerade abwesenden lieben Kinderchen entdeckt hat, und wollte den Aschenbecher in den Müll kippen.

Da schnappte Walter zu, füllte Kippen und Asche sorgfältig in eine leere Tasse, ließ Ilse Kaffee dazuschenken und bot die volle Tasse Martina an.

Da schnappte Susanne zu, nahm Walter die Tasse einfach aus der Hand, sagte zu Martina: „Das ist *meine* Tasse! Nimm gefälligst deine eigene!“ Und wollte sich aus dem Staub machen.

Da schnappte wieder Walter zu, und zwar Susannes Arm. „He! Du hast noch *immer* nichts kapiert, was!?“

Susanne riss sich los, Martina schlüpfte rasch hinaus, aber Susanne, die wirklich nicht kapierte, wie gefährlich das war, es sei denn, sie legte sich absichtlich mit Walter an, rief Martina tröstend nach: „Das hast du falsch verstanden!“ Und wollte hinterher.

Da schnappte Uschi zu. „Du bleibst hier!“

Zum Glück. Sonst hätte Walter noch mal zugeschnappt.

Irgendwer musste aber doch noch mal zugeschnappt haben. Denn kurz drauf dröhnte der Alarm los, Schlusen brummten herum. Niemand wusste, was eigentlich los war.

Dabei hatte der Babykiller doch klipp und klar gesagt, dass er sich auf solch einen Handel nicht einlasse, und wegen den Ohrringen hatte er das Maul gehalten. Fast sympathisch.

Aber als Martina aus dem Gruppenraum gerannt war, um dem Kaffeemix zu entgehen, musste als letzter Zöllner zugeschnappt haben. Der wollte die Naturalien eintreiben, auch ohne Gegenleistung. Was ihm gelungen wäre, hätte Martina nicht ihr Haarspray zu fassen gekriegt und es dieser Sau in die Augen gesprüht.

Das hätte man so einem Kindchen gar nicht zugetraut! Schade eigentlich, dass man nicht dabei war – Schwanz rauf, Spray rein, Augen zu, Schwanz runter.

Martina war wieder in Schutzhaft, bis auf weiteres, und Zöllner stritt alles ab.

Walter hatte versprochen, dass der Babykiller wegkommen würde. Nun *war* er weg, egal wie. Vivis Geburtstagsparty hätte ein tolles Fest werden können, hätte Walter ihr nicht noch mehr Freude machen wollen.

Hatte Vivi doch zu Martina gesagt, solche Ohrringe hätte sie auch mal gehabt. Und damit sie wieder solche haben sollte, überreichte Walter ihr Martinas Klunker, natürlich ohne Blutspuren, dafür hübsch in einem Schächtelchen verpackt. „Gefallen sie dir?"

„Das ist doch nicht dein Ernst?" fragte Vivi.

Ein bisschen mehr Begeisterung hätte Walter schon erwartet.

Doch Vivi kam erst in Fahrt. „Du glaubst doch nicht, dass ich *die* Dinger auch nur anfasse. Die hast du doch der Tielmann geklaut!" Lauter: „Wie kannst du es wagen, mir was zu schenken, was dieser Schlampe gehört!" Zuletzt wie ein Dampfkessel: „Mann, du tickst ja nicht richtig! Du hast echt überhaupt nichts verstanden!" Pfefferte die Klunker auf den Boden und schrie: „Die scheiß Ohrringe würd ich doch nicht einmal mit der Kneifzange anfassen!!" Kam ins Weinen und rannte davon.

Endlich wäre die Sache mit der Tielmann klar gewesen – und jetzt so was. Aus und vorbei mit Frühling, Wiese und Turtelei.

Dabei war noch nicht mal die Tielmannsache ganz klar. Denn nach ein paar Tagen Schutzhaft, erfuhr man später, war Zöllner in die Iso gegangen, um den Babykiller doch noch zu ficken. Diesmal war kein Spray zur Hand. Dass Martinas mickrige Pfötchen nur bei Babys was ausrichten konnten, wusste man ja. Und Zöllner *war* kein Baby.

Stritt wieder alles ab und kam auch noch durch damit. Und alles nur, weil sich Walters Attacke mit den Ohrringen bis nach oben durchgesprochen hatte.

Paar Tage später kam Martina für ein Stündchen aus der

Krankenstation zu Besuch. Der Babykiller hatte wohl immer noch nicht genug. Eine echte Krisensitzung. Alle laberten über Zöllner, Babymord und Unschuld. Ganz allmählich kam Stimmung gegen Vivi auf, und damit auch gegen Walter. Plötzlich saß Martina zusammengeflickt und verpflastert im Mittelpunkt. Walter stand draußen, und Vivi stumm daneben. Und dann mischte sich auch noch Mutz ein.

Mutz gehörte genauso wenig wie Regine zu einer Mannschaft. Dazu war sie zu alt und zu weise. Irgendwie stand sie über allem. Nicht bloß wegen ihrem Job. Wenn sie aus der Gärtnerei kam, war alles Wichtige gelaufen, ohne sie. Und sie fragte nicht viel, und normalerweise sagte sie noch viel weniger.

Vor Regine hatte man Respekt, Uschi achtete man als besonnene Ratgeberin. Mutz aber behandelte man mit liebevoller Ehrfurcht. Dass ausgerechnet sie die Stimme erhob, hatte verdammtes Gewicht.

Zuerst redete sie Vivi ins Gewissen, dann aber allen: Martinas Schuld sei noch lange nicht bewiesen, Gerichtsurteile würden gar nichts heißen, so dumm könne nicht mal Walter sein, und falls Martina ihr Kind je doch umgebracht haben sollte, hätte keine hier das Recht, sie zu verachten. „Wir alle haben etwas getan, das gegen das Gesetz war, wir alle hatten unsere Gründe, weil wir keinen anderen Weg wussten.“ Und so weiter, eine richtige Predigt.

Bis alle nickten. Außer Walter. Schließlich ging's um den Handel mit Vivi. Der verlangte, dass Martina von der Bildfläche verschwand.

„Mann, was redest du für einen Scheiß!“ fuhr Walter los. „Die hat ihr Kind gelyncht. Von mir aus kann Zöllner so oft drübersteigen, wie er will.“

Endlich sagte auch Vivi was, wenn auch leise: „Ist ja gut.“

Das erstemal seit dem Scheiß mit den Ohrringen, dass sie überhaupt etwas zu Walter gesagt hatte.

Und während alle zum Babykiller gingen und ihm die Hand gaben, standen Walter und Vivi irgendwie hilflos nebeneinander.

Fehler zugeben war Walter schon immer schwer gefallen. Vivi tat sich da offenbar leichter. Bedrückt gab sie zu bedenken: „Vielleicht hat Mutz ja Recht.“

Schon wieder hatte sie was gesagt, und wieder zu Walter.

„Hei!“ brummte Walter vorsichtig. „So hab ich das doch gar nicht gemeint. Ich dachte mehr ...“ Streckte die Hand aus, nahm sanft Vivis Kinn und hob den gesenkten Kopf hoch. „Falls du Lust hast, in meiner Eigentumswohnung, da ist noch ein Platz frei.“

Vivi guckte bloß.

Das war genau der richtige Augenblick, um die Überraschung zu landen: neue Ohrringe! Den ersten pickte sie gleich an Vivis Ohr – ein süßes kleines Ohr. Auf keinen Fall dürfte sie jetzt aufhören zu reden. Also redet sie weiter, irgendwas: „So viele Quadratmeter für einen allein ...“

Jetzt müsste endlich kommen, was sie sagen wollte. Aber irgendwie fiel's ihr schwer, weiß der Teufel. Mit Gefühlen kannte sie sich schließlich nicht besonders aus. Wie denn auch?

Rasch drückte sie Vivi den anderen Ring in die Hand und murmelte: „Also, kannst es dir ja überlegen, ob du eine Nacht …“ und blieb stecken. Peinlich.

Doch Vivi hatte immer mehr gestrahlt, und als Walter stecken blieb, nahm Vivi sie einfach in die Arme.

Dabei *war* Martina gar nicht richtig verschwunden. Die würde wiederkommen. Nur ein paar Tage noch, dann war sie wieder auf Station.

Trotzdem. Der Handel war perfekt.

7

So eine zärtliche Umarmung am frühen Morgen tut einfach gut. Es hätte richtig schön werden können.

Arbeit versaut einem eben *alles*, selbst den Knast. Und als ob Arbeit noch nicht genug Arbeit ist, fingen Uschi und Susanne in der Wäscherei auch noch an, sich ihre Träume von ihren Kindern zu erzählen.

„Komm Vivi, lassen wir die Mutterkühe allein", grinste Walter. Und Vivi folgte brav. War ja auch egal, ob man wusch, trocknete, bügelte oder zusammenlegte. „Und? Hast es dir überlegt?"

Plötzlich war Vivi unglaublich beschäftigt. „Ich *weiß* nicht …"

„Brauchst du 'ne romantische Liebeserklärung oder was?"

Vivi guckte bloß.

Walter warf den Stapel zusammengelegter Wäsche auf den Tisch, fiel auf die Knie, breitete die Arme aus und schmachtete, als stehe sie im Theater, aber nicht an der Kasse, sondern als jugendlicher Liebhaber auf der Bühne: „Meine Angebetete! Komm im mein Traumschloss!"

Vivi schaute sich sofort um. Natürlich grinsten alle.
Zugegeben, das Stück war ziemlich schnulzig.
Rasch wollte Vivi Walter auf die Beine ziehen.
So mies war das Stück nun auch wieder nicht.
Jedenfalls kam nicht Walter hoch, sondern Vivi runter.
„Bist du verrückt?“ fragte sie, als sie unten war.
„Ich bin verrückt nach *dir*!“
Vivi kicherte: „He, komm hoch!“
Das tat Walter zwar auch, aber Vivi kam noch viel höher. Walter nahm sie auf den Arm und ließ sie ein paar Runden Karussell fahren. Bei jeder Runde: „Ich bin verrückt nach dir, verrückt nach dir, verrückt nach dir ...“ Irgendwann hielt sie an und sah glücklich ins glückliche Gesicht über sich. „Ich frag die Kaltenbach, ob du zu mir in die Zelle ziehen kannst, okay?“
Vivi gluckste: „Du *bist* verrückt!“ Und zeigte lachend einen Vogel.
Zufrieden stellte Walter sie ab. Schließlich bedeutet ein Vogel „Ja“. Walter kannte die Frauen.
Was der Geier nie erlaubt hätte, erlaubte die Kaltenbach ohne weiteres. Und noch am gleichen Tag kam Vivi mit ihren Kartons in Walters Zelle, jetzt auch ihre Zelle, sah sich ratlos um und murmelte etwas von Aufräumen oder so. Womit sie nicht ganz Unrecht hatte.
„Aber pass auf“, warnte Walter gutmütig. „Ich steh nicht auf Hausfrauen, ich brauch jemand mit richtig viel Pep!“
Was Vivi natürlich nicht auf sich sitzen lassen konnte. Zack! hatte sie Walter ein Kissen an den Kopf geworfen.

Walter schnappte es und ging drohend los, konnte das erfreute Grinsen aber kaum unterdrücken, packte Vivi und drückte sie aufs Bett. Endlich. Plötzlich aber ließ sie nach und sagte zärtlich: „Ich hab's gewusst, als ich dich zum *ersten Mal* gesehen hab."

„Was?" fragte Vivi erstaunt.

„Dass ich dich rumkriegen würde."

Ein bisschen beleidigt war Vivi offenbar schon. „Rumkriegen, was heißt rumkriegen!?" Aber sie strahlte.

„Das heißt, ich glaub, du hast noch nie mit 'ner Frau geschlafen."

Vivi zögerte lächelnd. Schließlich fragte sie mit süßem Ernst: „Und wenn doch? Wärst du dann sauer, dass du nicht die Erste bist?"

„Ist mir scheißegal!" versicherte Walter prompt. „Weil ich nämlich weiß, dass ich die Beste bin."

Zuerst fröhliches Gerangel, dann heiße Küsserei. Allerdings lag nun Vivi oben. Als müsse sie zeigen, dass sie auch mal die Beste sein kann.

Aber wenn alles klar ist, kann man echt großzügig sein.

Und es kam noch schöner. Denn Vivi, die vor Küssen kaum reden konnte, fragte, ob man nicht besser die Tür zumachen sollte. Richtig süß. Genierte sich.

„Ist doch scheißegal", lachte Walter. „Lass die doch alle zugucken!"

Vivi entzog sich aber, stand auf und deutete aufs Etagenbett. „Unten oder oben?"

Genau darum war's doch gerade gegangen.

„Mal so, mal so." Das Spielchen war gewonnen.

Wer auf einem leichten Sieg rumhackt, ist gemein. Also brummte Walter: „Ach Quatsch!" Zog Vivi wieder aufs Bett zurück und verkündete: „Wir bauen um und schlafen nebeneinander."

Als seien sie gleich gut. Weiter war Walter einer Frau noch nie entgegengekommen. Ob Vivi das kapiert hatte oder ob sie dachte, es ginge nur ums Liebesnest, war egal.

Würde das eine Nacht werden! *Eine* Nacht? Ab jetzt für immer!

Also Zellenumbau, Doppelbett, kein Problem. Vom Doppelbett zum Himmelbett war schon schwieriger. Zu einem echten Himmelbett gehört nun mal ein Baldachin. Stange obendrüber, Stoff aufgehängt, hübsch aus Spitze und so, fertig. Der ersten Nacht stand nichts mehr im Wege.

Vorher gab's aber was ganz anderes. Und zwar etwas, das es hier überhaupt noch nie gegeben hatte. Eine Stimme ertönte, von draußen, vom Flur, herrlicher Gesang, hoch und klar und süß, und so entsetzlich einsam und traurig und fehl am Platz, dass man hätte heulen können.

Draußen standen schon ein paar, mit Vivi und Walter kamen noch andere dazu, zuletzt waren sie alle versammelt, Mörderinnen, Totschlägerinnen, sogar die Terroristin. Standen stumm und reglos da und horchten und wussten nicht, wohin mit den Händen.

Besser hätte die erste Nacht unterm Baldachin gar nicht beginnen können.

Denn ganz allein, auf der Treppe, Kassettenrecorder neben

sich, saß Susanne, schmal und blass, und sang ein Lied ohne Worte, ein wunderbares Lied, das von den kalten Mauern widerhallte und sich erhob, immer weiter, als lasse es alles, Enge, Angst, Schmerz und Demütigung zurück und verliere sich irgendwo weit oben.

In Freiheit.

8

Bald hatte sich rumgesprochen, wieso. Schließlich hauste Susanne bei Dagmar, und Dagmar gehörte zu Walters Haufen.

Susanne war der Meinung, sie hätte ihren Macker nicht abgestochen, weil er soff und prügelte, sondern weil er das Töchterchen Nina gebadet hatte. Nur war das Töchterchen kein richtiges Kind mehr. Und dieser Kerl von Vater hatte ihr zwischen die Beine gefasst. Susanne hatte Schlimmeres verhindern wollen, sonst wär's zuletzt noch gegangen wie bei Vivi.

Soweit alles klar.

Jedenfalls hatte sie Nina im Prozess gar nicht aussagen lassen. Weil zarte Mamis ihre zarten Kinder beschützen müssen. Dass sie bloß deswegen lebenslänglich bekommen hat, war ihr erst hinterher klar geworden, mit Uschis Nachhilfeunterricht. Also wollte sie das zarte Kind nun doch aussagen lassen, sprich: Wiederaufnahme des Verfahrens. Natürlich bloß vor einer Videokamera. Sie fragt das zarte Kind also, und das zarte Kind fragt zurück, ob es denn auch wirklich *alles* sagen muss, auch all das von *vorher*. Dass überhaupt irgendwas vorher gelaufen war, hatte die zarte Mami aber gar nicht gewusst.

Und gegen *das* war der Griff im Bad eine harmlose Neckerei gewesen.

„Die Teubner ist zusammengeklappt, kannst dir vorstellen", sagte Dagmar verächtlich. „Die klappt sowieso die ganze Zeit zusammen."

Natürlich wollte Susanne der zarten Kleinen die Aussage jetzt erst recht nicht mehr zumuten. Nichts als die Wahrheit sah inzwischen ja ein wenig anders aus. Wollte eine Therapie, damit das zarte Wesen den Mist nicht ein Leben lang rumschleppt. Sonst wär das genauso lebenslänglich gewesen, bloß echt unschuldig. Das aber hat Schwiegermutter Marlies auf den Plan gerufen. Die war sowieso sauer, weil Susanne ihren Herzensbubi totgemacht hatte, also hat sie alles für eine gemeine Lüge erklärt. Sonst wäre ihr Bubi ja zu Recht tot gewesen. Und die Kaltenbach hatte Goran geholt, den Schmierling, Anstaltspsychologe, und der hatte behauptet, dass nicht Nina die Therapie brauche, sondern Susanne.

„Umgekippt", grinste Dagmar. „Wieder aufgestanden und ans Telefon. Ich stand zufällig daneben."

Statt Marlies hatte Susanne nicht Nina am Telefon gehabt, sie habe nämlich auch noch einen *echten* Hosenscheißer, Martin oder so, sechs Jährchen jung. Der wollte ein Lied gesungen haben, das der Schwiegerdrache nicht so fein hinkriegt wie die Mami. Dahnke hat das natürlich gestoppt. Singen am Telefon ist verboten, klar.

„Und deshalb", schloss Dagmar grinsend, „hab ich ihr meinen Kassettenrecorder geliehen, und die Kassette auch."

„Hältst du mich für blöd oder was!?“ knurrte Walter. „Du warst noch nie die Heilsarmee!“

Mehr war nicht rauszukriegen, ohne tatkräftige Argumente. Aber für den Moment war's genug. Wozu die Kraftanstrengung?

Außerdem lief die Sache mit Vivi unterm Baldachin richtig gut an. Man war dabei, sich ganz kuschelig einzugewöhnen, war sozusagen innerlich und äußerlich voll ausgelastet.

Aber musste man deswegen gleich Susanne zur Stationssprecherin machen? Das war auch so eine Idee der Kaltenbach. Die machte weiter mit dem, was der Geier höhnisch humanen Strafvollzug nannte. Pfui Teufel, wie sich die beiden mochten. Klar, dass der Geier sauer war, weil man ihm dieses Mädchenpensionat vor den Schnabel gesetzt hatte.

Wenn schon Stationssprecherin, dann gab's bloß *eine*, die den Job verdiente. Das dachte Uschi garantiert auch, nur mit anderer Besetzung. Dass es zuletzt Susanne war, lag an Mutz. Dabei wollte Susanne zuerst gar nicht„Ich!? Ihr seid ja verrückt! Kommt gar nicht in Frage!“

Machte es aber trotzdem, die Frau Lehrerin, und fiel sofort allen auf die Nerven. Theater-AG, Batikkurs, Computerkurs, Schulabschluss, Schnittmusterzeitschrift. Fehlten bloß noch Ringelpiez mit Anfassen oder Mutter-Kind-Gruppe. Aber plötzlich hörte das Generve wieder auf.

Weil Susanne auf Ninas Therapie bestanden und auf ihr Sorgerecht gepocht hatte. Sagte Dagmar. Der Schwiegerdrache hat ihr im Gegenzug das Sorgerecht entrissen und den lieben Kleinen weitere Besuche bei der Mami verboten. Die

Kaltenbach hat die Kleinen irgendwie hergezaubert, aber die waren vom Drachen natürlich vermurkst. Nina hat ihre Mutter nicht mal angesehen und zuerst auch nichts gesagt. Plötzlich hat sie geschrieen: „Ich hasse dich, ich hasse dich, ich will dich nie wieder sehen, nie, nie, nie!“ Und ist abgehauen, Marlies mit dem kleinen Martin hinterher.

„Umgekippt“, grinste Dagmar.

Mit Kreislaufkollaps auf die Krankenstation, Spiegel überm Waschbecken zertrümmert und sich mit einer Scherbe die Pulsadern aufgeschlitzt.

Ausgerechnet auf einer Krankenstation abtreten zu wollen, ist ziemlich dumm. Kaum eine Chance auf Erfolg.

Reizvoll allerdings, dass Susanne vielleicht wirklich unschuldig sein könnte. Nur im Sinne der Anklage natürlich. So ein zartes unschuldiges verzweifeltes Mensch braucht Schutz und Hilfe, damit der Duft von Freiheit und Reinheit nicht flöten geht. Dann wär's aus mit süßen Liedern.

Denn die Sache mit Vivi unterm Baldachin lief inzwischen fast zu gut. Vivi konnte manchmal sogar richtig nerven. Teil eines alten Ehepaares hatte Walter noch nie werden wollen.

Weswegen der ganze Rest stichelte: die Walter hat schlechte Manieren. Vor allem Regine. Die hatte ja schon immer angedeutet, was sie von den geistigen Fähigkeiten gewisser muskelbepackter Bodybuilder hält.

Walter brauchte beim Frühstück bloß zu sagen: „Es reicht doch, wenn ich was für *mich* tue!“

Schon schwang Regine den geistigen Knüppel: „Du wirst's *nie* lernen.“

„Das Leben läuft eben anders ab als in der Zeitung, Frau Professor." Das hätte genügt.

Nur mischte sich die inzwischen wunderbar gesundete Frau Lehrerin ein: „Aber auch anders, als *du* dir das vorstellst, Walter."

„Oh!" rief Walter. „Soll das ein Angebot sein?" Mit Schlafzimmerstimme: „Vielleicht könntest *du* mir's ja beibringen."

Von Vivi große Augen.

Lollo, die Sexbombe: „Pass auf deinen Macker auf, Vivi."

Sogar Uschi amüsierte sich: „Wenigstens kostet eure Scheidung nichts."

Alle lachten. Und Lollo setzte eins drauf: „Ich kann dir ein paar Tipps geben, Vivi, wie du Walter halten kannst."

„Kein Bedarf, Frau Busenwunder." So weit war Vivi also okay.

Beruhigt blies Walter Susanne eine Strähne aus der Stirn. Hübsch, wie die ärgerlich gucken konnte. Richtig unschuldig.

Blöd nur, dass in diesem Moment Katrin reinkam, was an sich nicht weiter tragisch gewesen wäre, aber hinter ihr erschien Zöllner, die Drecksau, gab Katrin einen Schubs, oder warum sonst stolperte dieses Fliegengewicht in die Bude, flog gegen Vivi und riss ihr fast die Kaffeetasse aus der Hand.

Normalerweise hätte Katrin, notfalls mit ein bisschen Druck, sich entschuldigt und den Lappen geholt. Dazu kam's aber nicht, denn Zöllner befahl: „Andraschek, wisch das auf!"

Der hatte kaum ausgeredet, da stand Walter vor ihm. Dass Vivi leise „Scheiße" sagte, war bloß der I-Tupfen. Die hatte sowieso rumgemotzt, diese ewigen Prügeleien seien blöd. Trotzdem. Vor Zöllner *musste* man sie schützen. Also sagte sie direkt in seine Visage: „Vivi *war* das nicht."

„Dann wisch *du* das weg!" Der war inzwischen wohl größenwahnsinnig geworden.

„Wieso ich?" fragte sie, sehr sanft.

Alle wussten, wie gefährlich diese Sanftheit war. Nur Zöllner nicht, der Depp. Hatte wohl das Radio vergessen, oder das Gulasch, oder beides. „Weil *ich* es sage!"

Jetzt wär er endlich fällig gewesen. Hätte sich nicht Vivi dazwischengeschoben. „Danke! Ich mach das schon."

Als sei *Walter* der Depp. Als könne irgendwer *anderer* hier bestimmen. Und das von Vivi. Aber die würde schon noch sehen, was sie davon hatte. Am besten gleich beim Klamottentausch in der Kleiderkammer.

Zur Einführung kriegte Lollo, die ihre schicken Sachen vorführte, einen Klaps auf den knackigen Arsch.

Natürlich schoss Vivi sofort, vorerst aber mal nur auf Lollo: „Im Knast gibt's keine Männer, die man damit anbaggern kann."

„Aber Frauen!" gab Walter zurück und sah Susanne in die Augen.

„Vergiss es, Walter", lächelte Susanne.

„Das hat schon so manche gesagt." Natürlich gegen Vivi gezielt. Wegen vorhin, wegen Zöllner. Und weil sie kapieren sollte, dass man eine Walter nicht kommandieren kann. Auch nicht, wenn man zusammen im Himmelbett lebt. Das bisschen Freiheit, das einem der Knast übrig lässt, ist fast schon heilig.

Was Susanne irgendwie falsch verstand. Jedenfalls lächelte sie weiter: verschämt und sehr hübsch. Bis sie Vivi ansah. Da war das Lächeln wie ausgeknipst.

Schade eigentlich. Aber wegen Vivi. Also weiter. Denn jetzt kramte auch Susanne in ihren Kleidern. „Nimm doch zur Abwechslung mal was Enges!" Walter hielt ihr eine Bluse hin: „Wie wär's damit? Da kommt dein supergeiler Körper so richtig schön zum Vorschein."

„Lass das, Walter!"

Jeanette stichelte österreichisch gedehnt: „Schätzchen, du musst dich besser verkaufen!" Womit Vivi gemeint war. „Lollo! Kannst du Vivi einen von deinen Röcken leihen?"

Die zeigte natürlich sofort einen Rock her. „Kurz genug?"

„Wow!" rief Jeanette. „Da müssen wir Walter fragen." Zu Walter: „Stehst du auf so eine Verpackung?"

Normalerweise hätte die Bergdorfer nichts zu lachen gehabt. Aber Vivi sollte endlich kapieren. Also gab Walter grinsend zurück: „Genau nach meinem Geschmack."

Ilse, dieser Trampel mit der Neigung, in bereitgestellte Fettnäpfchen zu treten, rief dazwischen: „Dich unterscheidet *nichts* von einem Kerl, Walter!"

„Willst du mich beleidigen oder was?" Dabei war's fast schmeichelhaft. „*Ich* weiß, was Frauen wünschen!" Ohne Pause zu Susanne: „Was mich so richtig antörnt, das ist ein wunderschöner Hintern." Sie packte mit beiden Händen zu. „Genau wie deiner!"

Wütend fuhr Susanne herum: „Lass das!" Wischte dabei mit dem Jackenzipfel ein Glas oder eine Tasse, weiß der Kuckuck, vom Tisch. Tausend Scherben natürlich. Und Walter hob entschuldigend beide Hände: „Okay, okay, okay!"

Scherben sollen angeblich Glück bringen. Warum sonst zerschmeißt man bei den Spießern zur Hochzeit altes Porzellan? Bloß damit sie sich ein paar Wochen später das Leben zur Hölle machen. Als ob der Zahn der Zeit Wunden heilen kann oder Gras drüber wachsen lassen, so'n Blödsinn. *Die* Scherben aber waren ja nicht geschmissen, die waren gefallen, zufällig.

Und Vivi zischte: „Bist du bescheuert oder was?" Echt wütend.

Also ein paar Grad abkühlen. „Was ist denn? Das war doch bloß ein kleiner Flirt." Sie wollte Vivi die Strähne aus dem Gesicht streichen. „Jetzt gönn mir doch den Spaß."

Vivi aber rief: „Das sagst du immer!" Und rannte davon.

Vielleicht war die Lektion etwas *zu* hart gewesen.

In aller Ruhe kramte nun auch sie Klamotten aus der Kammer, ging in die Zelle zurück und räumte das Zeug in den Schrank. In aller Ruhe. Kleider einräumen heißt, Vivi den Rücken zeigen.

Denn Vivi hatte die Lektion irgendwie in den falschen Hals gekriegt, stand jedenfalls unter Dampf. Wütend tönte sie: „Wie findest du das?"

Knapper Blick über die Schulter: Vivi hielt sich ein Kleid vor. „Ganz nett." Wieder kramen.

Von hinten: „Nicht sexy genug?" Eine Schere klapperte, Stoff wurde zerrissen. „Ist's so besser, ja!?"

Knapper Blick: sie hielt sich wieder das Kleid vor, hatte den Kragen eingeschnitten und das Dekolleté aufgerissen.

„He, was ist denn in *dich* gefahren?“ Klang echt überzeugend. Und wieder kramen.

Von hinten: „Jetzt gib doch wenigstens zu, dass du mit der Teubner ins Bett willst!“

Knapper Blick: Vivi zusammengesunken auf der Bettkante. „Ha! Du bist eifersüchtig!“ Wieder kramen. Gekonnt erleichtert: „Ich hab schon gedacht, es sei was Ernstes.“

Von hinten: „Es ist mir *sehr* ernst. Ich hab keinen Bock, dein Notnagel zu sein.“

Beschäftigt: „Glaub mir, du bist meine Nummer eins!“

Von hinten, giftig: „Sag mir bitte rechtzeitig Bescheid, wenn ich Nummer zwei oder Nummer drei bin, ja?“

Sehr beschäftigt: „Hei, jetzt zick doch nicht rum. Ich hab dir doch gesagt, dass wir zusammen sind.“ Was noch lange kein Grund war, den Klammeraffen zu spielen. „Aber ab und zu hab ich einfach Bock auf was anderes.“

Von hinten, wütend: „Hältst du mich eigentlich für bescheuert? Soll ich jetzt auch noch die Zelle räumen und das Bett neu beziehen!?“

Hä!? Die Lektion war nicht zu gut, sondern zu hoch. Vivi hatte offenbar überhaupt nichts verstanden. „Jetzt mach aber mal halblang!“ Walter ließ die Klamotten Klamotten sein und beschäftigte sich doch lieber mit Vivi. Retten, was zu retten war. „Vivi! Die Teubner ist mir doch scheißegal.“

„Warum willst du dann mit ihr schlafen?“

War die noch zu retten? „Ach Mensch! Jetzt mach doch nicht so’n Scheiß! Das hat doch alles nichts mit *dir* zu tun.“

„Was *hat* dann mit mir zu tun?“

Die war *nicht* mehr zu retten. Da halfen nur noch ganz einfache Sätze, zum Beispiel: „Dass ich dich liebe."

Aber Vivi machte bloß „tsss" und ging raus.

Vielleicht war die Lektion ja wirklich ein bisschen weit gegangen. Sollte sie zwar nicht, war aber so geworden. Irgendwie hatte Vivi übers Ziel hinausgeschaut. Dabei könnte sie doch stolz sein! Aber nein – sie war sauer. Allerdings kennt man Sprüche wie „hat doch nichts mit *dir* zu tun" und Versicherungen „dass ich dich liebe" sonst bloß von trotteligen Männern, die sich danebenbenommen haben und nichts mehr Besseres wissen. Viel besser ist in so einem Fall ein echter Liebesbeweis. Zelle aufräumen zum Beispiel. Irgendwann würde sie schon zurückkommen.

Das tat Vivi auch. Die Zelle sah echt fast aufgeräumt aus.

Liebesbeweis? Pustekuchen! Wort- und blicklos legte sie sich aufs Bett, und jetzt zeigte *sie* den Rücken, stumm, trotzig.

Sanft fragte Walter: „Hast du dich wieder beruhigt?" Von Mann zu Frau: „Lohnt sich doch gar nicht, so zu streiten."

„Wer ist denn schuld dran?" Immerhin hob Vivi den Kopf. „Ich hab die ganze Zeit an uns geglaubt, aber so geht das einfach nicht."

Die geriet ja immer weiter daneben! „Du machst aus 'ner Mücke 'nen Elefanten!"

„Stimmt nicht! Du treibst mich in etwas hinein, das ich gar nicht will!"

Stimmt, die geriet weiß der Henker wohin! Rasch trat Walter ans Bett, kniete nieder, und weil Vivi sich nicht umdrehte, legte sie sich neben sie, streichelte ihr übers Haar, küsste sie und betonte jedes einzelne Wort: „Also – was willst du?“

Erst mal Pause. Dann, mit Tränen in der Stimme: „Entweder du verzichtest auf deine Bumsgeschichten …“

Wieder Pause.

„Oder?“

„Oder es ist aus zwischen uns.“

Wegen so einem läppischen Kinderkram? „Oh Mann!“ rief Walter „Ich glaub's einfach nicht!“ Wollte Vivi wegen so was tatsächlich die ganze Kiste verrecken lassen? „Deine Gefühle für mich können doch nicht nur *damit* zusammenhängen! Ich dachte, in unserer Beziehung geht's um mehr!“

Aber Vivi schoss scharf: „Geht's ja auch! Ich will die Einzige sein für dich, verstehst du das denn nicht!?“

Ein richtiger mieser kleinlicher Ehestreit. Warum lagen sie denn im Himmelbett *nebeneinander*? Aber Vivi wollte offenbar mehr. Und zwar auf Kosten Walters. So eine Scheiße. Also schoss auch Walter scharf: „Und *ich* will schlafen können, mit wem ich will!“

Vivis Stimme zitterte: „Du bist also nicht bereit, für mich darauf zu verzichten?“

„Nein! Auf keinen Fall.“

„Gut“, nickte Vivi und schlich zur Tür. „Dann war's das.“

Sollte man sich demütig unterwerfen und untern Pantoffel kriechen oder was!? Wütend brüllte sie Vivi hinterher: „Ich *lass* mich nicht erpressen!“

Die Tür krachte zu.

Und Vivi war fort.

9

Vivi war nicht nur fort. Vivi wollte offenbar Krieg. Dabei hätte sie längst kapiert haben müssen, wer hier der größte Krieger war.

Denn als ihr Walter, beinah reumütig, hinterhergegangen war, stand sie schon bei Zöllner. Was sie dort wollte, war klar: Mutz war zu ihrer wiedergefundenen Gaby gezogen, Vivi wollte die leere Zelle.

Und ausgerechnet diesen Schwachsinn sollte ausgerechnet der schwachsinnige Zöllner organisieren. Mit diesem Arschloch hatte die ganze Scheiße doch erst angefangen. Vor dem hatte sie Vivi schützen wollen, und Vivi hatte abgelehnt.

Selber schuld.

Walter ging an den beiden vorbei, als wären sie gar nicht da. Dass dicke Luft war, hatte Zöllner sowieso schon kapiert. Wegen Vivi.

Als ob Zöllners Schutz besser sei. Hatte man bei der Tielmann ja gesehen. Das würde Vivi früher oder später selber merken, so verblödet *konnte* sie doch gar nicht sein. Vorübergehende Umnachtung aus falscher Eifersucht. Hinterher würde sie schon wieder zurückkommen.

Dem könnte man sogar nachhelfen. Eifersucht griff offenbar am besten. Teufel mit Beelzebub austreiben, oder wie der Knabe heißt. Aber auf keinen Fall noch mal Susanne. Die Nullnummer Solveig war billiger zu haben. *Die* war schon immer stolz über Zuwendungen vom Boss gewesen.

Beim Frühstück klappte es nicht, dafür in der Wäscherei. Das heißt, dort klappte es auch nicht. Solveig ließ sich zwar ohne weiteres am Arsch packen, Vivi aber gab nicht etwa klein bei, sondern ging zu Zöllner, machte den Affen für ihn und bettelte, ob sie nicht sofort umziehen dürfte, während der Arbeitszeit. Die hatte noch immer nichts kapiert.

„Was soll das Gequatsche?“ rief Walter höhnisch rüber. „Wirfst du dich jetzt dem Saftsack Zöllner an den Hals?“

„Die braucht halt immer wieder einen Kerl!“ mischte sich Dagmar ein. „Oder hast du dir eingebildet, die hättest du für *immer* umgepolt?“

„Schnauze, Friese!“ drohte Walter. Sollte nach Boss klingen, nicht nach Verteidigung Vivis. Vivi hatte Walters Schutz abgelehnt. Regenschirm zuklappen und trotzdem nicht nass werden? *So* einfach ging das nicht.

Vivi starrte zwar eine Weile rüber, nahm aber trotzdem Zöllner. „Können wir gehen?“ Und sie gingen zusammen raus. Tatsächlich.

Regine, diese Polit-Suse, zog wieder ein Gesicht, als wolle sie gewissen Leute gewisse Gedankengänge lieber nicht antun. „Vivi liebt dich. Du solltest dich mehr um sie kümmern.“

Mehr sagte sie nicht, eigentlich fast freundschaftlich, und ging wieder an die Arbeit, als sei alles geklärt.

Dabei war überhaupt nichts geklärt.

Was, wenn Regine Recht hätte? Total verblödet wie einige andere hier war sie schließlich nicht. War das womöglich eine Warnung gewesen? Verdammte Scheiße. Dann müsste dieser blödsinnige Krieg aufhören, und zwar so schnell wie möglich.

Sie wusste genau, dass sie manchmal ganz schön borstig sein konnte. Nicht gerade angenehm zu denken, aber Fakt. Also stand sie vor dem Mittagessen allein in Vivis Zelle, bisher Mutzens Zelle, und wartete gespannt. Vivi würde glotzen – Blumenstrauß im Knast. Absolute Rarität. Für Vivi.

Vivi kam, glotzte kein bisschen, heulte, schniefte und sah zu Boden.

Trotzdem ließ Walter den zurechtgelegten Satz ab: „Vivi, es tut mir Leid. Ich will mich für den Spruch mit Zöllner entschuldigen."

Womit sie sich ja nicht für *alles* entschuldigte. Aber sie *entschuldigte* sich. Das war schließlich nicht nichts.

Doch Vivi schluchzte bloß, ging an Walter und Blumen vorbei, wie Walter vorhin an ihr und Zöllner, warf sich aufs Bett und zog die Decke über den Kopf.

„Scheiße", knurrte Walter, knallte den Strauß hin und ging.

So eine Pleite. Dann eben nicht. Die hatte noch immer nicht genug. Wie weit sollte man ihr denn *noch* entgegenkommen!?

Solveig, die beim Flipper lümmelte, kam gerade recht. Zur Aufmunterung was Unkompliziertes, und Aufmunterung war dringend angesagt. Ein knapper Wink, und Solveig folgte in die Zelle.

„Mach die Tür zu!“ befahl Walter. Und zog die Hose runter.

Bloß ließ sich nach einer Weile ein Ton hören, und zwar garantiert nicht *im* Bett. Zöllner, der Spanner, oder was? Wütend hob sie den Kopf –

Vivi!

An der Wand. Wie hingeweht. Kurz vorm Heulen. Wegen den Blumen, wegen Solveig, egal warum.

Und Walter ließ Solveig liegen wie ein nasses Handtuch, rannte zu Vivi und strich ihr zärtlich die Strähne aus dem Gesicht. „Hei.“

Prompt heulte Vivi los. „Ich brauche dich.“

Total verzweifelt, Krieg vorbei, bedingungslose Kapitulation. Sanft streichelte sie die Tränen von den süßen Pausbacken. „Was ist los?“

Zu ihrem Glück merkte Solveig, dass sie überflüssig war, und verdrückte sich unauffällig.

So lange blieb Vivi senkrecht, dann brach sie zusammen, das Schluchzen schüttelte sie. „Ich brauche dich. Ich muss dich wiederhaben. Ich brauche dich …“

In so einem Fall: nicht den Sieger raushängen, sondern Maul halten und umarmen, und zwar nicht bloß locker.

Nach der Mittagsschicht zog Vivi wieder ein. Nicht nur in die Zelle, vor allem untern Baldachin. Dort zeigte sie zwar wieder bloß den Rücken, sagte aber: „Halt mich fest.“

Trotzdem. Frauen wollen nicht in die Falle hüpfen und juchhei! Reden ist angesagt, davor.

„Ich bin so froh, dass du wieder da bist“, sagte Walter. Und das stimmte sogar. Ehrlich. Inzwischen jedenfalls. Okay, am Anfang wär’s ihr lieber gewesen, Vivi hätte bloß den Körper in den Handel geworfen. Das war nicht so kompliziert. Aber irgendwie war das anders gelaufen. Irgendwie hatte sie dieses große Mädchen sogar richtig ins Herz geschlossen. Wieso – darüber müsste man mal nachdenken. Später.

Denn das große Mädchen fragte artig: „Versprichst du mir was?“

Süß. Wie eine Tochter den Papa. Walter schmunzelte: „Keine anderen Frauen mehr?“ Hätte Vivi Ja gesagt, hätte sie es versprochen. Au backe.

Aber Vivi sagte vor sich hin: „Du darfst mich nie mehr allein lassen.“

„Ich schwör’s!“ versprach sie, aus tiefster Seele. Das war jedenfalls leichter.

Weil keine Bitten oder Fragen mehr kamen, schließlich war das Wichtigste gesagt, streichelte sie Vivi den Rücken, natürlich nicht mehr tröstend. Klar, Vivi würde sich erst ein bisschen sperren. Ganz normal.

Aber Vivi jammerte, irgendwie völlig verzweifelt: „Nein!“

Irgendwas stimmte nicht. „Was ist denn los?“

Vivi lag nur da und zeigte den Rücken.

„Sag doch schon, Vivi.“

Vivis Schultern fingen an zu zucken. „Hilf mir! Hilf mir doch!“

„Was soll ich tun?“

Vivi weinte nur.

Da war doch irgendeine Sauerei im Gange! „Du musst mir endlich sagen, was los ist!"

Ohne sich umzudrehen stammelte Vivi: „Er hat – er hat mich – vergewaltigt."

Faust im Magen. Voll eingeschlagen.

Erledigt: „Wer?"

Vivi, zittrig: „Zöllner."

Schwach: „Wann?"

Vivi, tonlos: „Heut."

Also nachdem sie mit Zöllner aus der Wäscherei gegangen war. Und *sie* hatte gedacht, mit ein paar Blümchen …

Die Faust im Magen drückte zu. Die Wut zog sich zu einem Klumpen zusammen. „Dieses Schwein", flüsterte Walter. „Ich bring ihn um."

Die Wut explodierte, es riss sie aus dem Bett, zur Tür. Wie von Sinnen rüttelte sie an der Klinke, brüllte, dass die Station bebte: „Zöllner! Hörst du? Zöllner! Ich bring dich um! Ich bring dich um!! Komm her, du Sau!!!"

Ohnmächtig heulte sie los wie ein wund geschossenes Tier, ging zu Boden und biss sich auf die Faust –

Totenstille.

10

Und am anderen morgen öffnete Walter schwungvoll die Tür zum Bad, prallte erschrocken zurück und erstarrte. Denn in einer Lache, nicht etwas Pisse oder Kotze, sondern in blauschwarzem Blut lag, wie gesagt, Zöllner.

Da soll noch einer behaupten, der Verdacht könnte nicht auf *sie* fallen oder Vivi sei blöd, weil sie glaubte, als ihr der tote Zöllner frei Haus in die Zelle geliefert wurde, Walter habe den Drecksack endlich stillgelegt.

„Beruhig dich, Schatz, bitte", sagte Walter nur. „Und sei nicht laut."

Vivi, mit wackliger Stimme, immerhin nicht laut: „Ich soll mich beruhigen!?" Und brach aus: „Das ist doch nicht normal!"

Dagmar hob ärgerlich den Kopf: „Hör endlich auf, hier hysterisch rumzukreischen, du bescheuerte Kuh!"

Die glaubte wohl, jetzt könne sich alles erlauben! Walter fuhr herum und packte sie am Kragen: „He! Wie redest du mit meiner Frau!?"

„Ich glaub's nicht", säuselte Dagmar. Dann schüttelte sie

die Fäuste ärgerlich ab. „Mann! Ich bin hier, um dir zu helfen, und nicht um über Umgangsformen zu diskutieren, okay? Die Kleine soll doch froh sein, dass Zöllner ausgespielt hat."

Womit sie, genau betrachtet, Recht hatte.

Doch von Vivi kam schon der nächste Ausbruch: „Die werden doch alles filzen und Zöllner hier finden. Tu doch irgendwas!"

Womit auch *sie* Recht hatte, verdammt.

Aber bevor hier irgendwer irgendwas tun konnte, musste Walter erst mal Vivi beruhigen. Womit sie Vivis Aufforderung immerhin einigermaßen entgegenkam: sie tat etwas, wenn auch nicht gerade das, was Vivi gemeint hatte.

Dagmar, die Zöllner wieder eingewickelt hatte, fragte genervt: „Fertig? Können wir endlich?"

Walter ließ von Vivi ab und half mit, Zöllner zum Schrank zu zerren.

Vivi, vollends entsetzt: „Warum steckt ihr in nicht in *Dagmars* Schrank!?"

Dagmar, als belehre sie ein Kind: „Weil *ich* ihn nicht umgebracht habe. Und jetzt halt endlich deine verdammte Klappe, oder willst du, dass sie Walter als Mörderin drankriegen?"

„*Du* hast ...?" hauchte Vivi. Dann verschlug's ihr die Sprache.

„Ich hab ihn nicht umgebracht", warf Walter hin, kam aber nicht dazu, die Wirkung dieser Eröffnung auf Vivi abzuschätzen. Denn schon quatschte Dagmar dazwischen: „Mensch, Walter, hör doch auf! Du hast bei der Leiche gestanden. Für wen mach ich das denn hier?"

„Na und?“ schnauzte Walter. „Das hat doch nichts zu bedeuten. Außerdem: warum ...?“

Schon wieder unterbrach Dagmar: „Wir haben jetzt keine Zeit rumzudiskutieren, hilf mir lieber, den Fettsack in den Schrank zu packen.“

So leicht sollte sie diesmal nicht davonkommen. Irgendwas hatte schon wieder klick gemacht. Walter baute sich drohend auf. „Sag es! Warum hätt ich ihn deiner Meinung nach umbringen sollen?“

Prompt: „Weil er Vivi vergewaltigt hat.“

Die hatte gestern Abend das Gebrüll natürlich auch gehört. Woher wüsste sie's sonst?

Diesmal kam Vivi dazwischen. „Meinetwegen?“ fragte sie, halb bewundernd. „Du hast das *für mich* gemacht?“

Was soll man auf so was schon antworten? Nee, ich war's nicht? Das würde heißen: sooo viel bist du mir nun auch wieder nicht wert, auch wenn ich's gestern Abend gesagt habe. Oder: Ja, ich war's? Das wär glatt gelogen.

Am besten: Klappe halten und arbeiten. Und ein verdammtes Stück Arbeit war's schon, diesen Sack im Schrank zu verstauen. Und in den Schrank musste er, zumindest bis zur Mittagspause, bis Dagmar mit dem Trolley für die Schmutzwäsche die Zellen abklapperte. Schließlich hatte der Geier Sehnsucht nach dem untergetauchten Liebling. Vorhin im Bad, Zöllner bei Dagmar in der Wanne unterm Schaum – so was müsste nicht unbedingt noch mal sein; Schaumbad würd's hier sowieso keines geben.

Beim Waschen und Bügeln waren Walter, Vivi und Dagmar,

die drei Wissenden, ziemlich schweigsam. Der nächste Schritt war besprochen. Jetzt galt die Parole: nicht auffallen.

Also kam Dagmar nach dem Mittagessen mit dem Trolley, Walter riss den Schrank auf, und da stand er, wie er leibte, wenn auch nicht mehr wie er lebte: Augen starr geradeaus, stocksteif, kam ins Kippen und ploppte satt zu Boden.

Vivi war natürlich sofort wieder am Kreischen: „Oh Gott! Oh Gott!"

„Willst du, dass sie uns erwischen?" zischte Walter und machte sich dran, den Sack zur Tür zu schleifen. „Vivi, bitte! Ich schaff das nicht allein."

Vivi grillte bloß: „Ich kann das nicht!"

Musste eben Dagmar helfen, auch wenn's merkwürdig aussehen könnte, von draußen betrachtet. Sonst kam der Trolley an die Tür, die Dreckwäsche flog rein, Tür zu, fertig.

Diesmal Trolley rein, Tür zu, eine Schicht Wäsche raus, Zöllner rein, Schicht wieder drauf. Zuletzt sah's ganz harmlos aus. War auch nötig. Denn natürlich kam in dem Moment jemand rein, wenn auch keine Schluse, immerhin aber Uschi, die Konkurrenz. Also auch nicht von Pappe.

Kam also, rief Dagmar munter zu: „Du hast meine Wäsche vergessen." Und warf das Zeug in den Trolley.

Was man halt so macht, wenn man was fliegen sieht, man guckt hinterher. Direkt neben dem Landeplatz ragte ein schwarzer Schuh raus. Und den sahen sie alle drei: Walter, Dagmar und Vivi. Nur Uschi nicht. Noch nicht.

„Was ist los?" fragte sie spöttisch. „Habt ihr eine Gedenkminute eingelegt?

Also, wenn man mal im Theater so ein richtig fieses Erschrecken vorspielen müsste, bräuchte man bloß nachmachen, was Uschi vollführte. Super! Bis hin zur Hand aufs Herz. Als würde das gerade für eine Weile Pause machen.

Dazu Evelyn Kaltenbachs Stimme aus der Sprechanlage: „Die Mittagspause wird heute verlängert. Bleiben Sie bitte auf Station und warten Sie in Ihren Zellen, bis man Sie ruft. Ein Kommissar der Kriminalpolizei wird Ihnen einige Fragen stellen."

Erklärungen hatten sich damit erübrigt. Jetzt gab's *vier* Wissende. Und die vierte wollte als Erstes wissen: „Was habt ihr mit der Leiche vor?"

„Kommt drauf an", antwortete Walter bedächtig und fragte, als nehme sie jede Entscheidung hin: „Hältst du dicht oder willst du singen?"

Darauf ging Uschi gar nicht erst ein. „Ihn in die Wäscherei zu bringen, könnt ihr vergessen. Wir haben die Bullen im Haus."

Und Dagmar tat, als gehöre Uschi ab sofort mit zur Partie: „Hast du 'ne bessere Idee?"

„Moment", schaltete Walter sich wieder ein. „Ich will das erst geklärt wissen. Hilfst du uns oder rennst du zu den Bullen?" Könnte doch sein, Uschi würde die Gelegenheit nutzen und die Konkurrenz ausschalten.

Uschi aber schnappte, als sei die Frage blöd: „Ihr reitet nicht nur *euch* in die Scheiße, wenn sie Zöllners Leiche finden."

Vielleicht war die Frage ja wirklich blöd. Die Antwort aber war alles andere als eindeutig. Okay, die Lage war beschissen.

Deswegen musste Vivi ja nicht gleich wieder durchdrehen. Aber genau das tat sie, rannte zur Tür wie ein erschrecktes Häschen und murmelte: „Ich muss hier raus!“ Uschi konnte sie gerade noch packen.

Bei Vivi kam noch mehr Panik auf. „Ich *war's* nicht! *Walter* war's!“

Dabei hatte Walter ihr doch vorhin gesagt, dass sie's nicht war. Hatte Vivi vor lauter Zähneklappern wohl überhört. Also parkte sie Vivi neben der Heizung an der Wand, hielt sie mit einer Hand fest, streichelte ihr mit der anderen die Strähne aus dem Gesicht und beschwor sie: „Vivi! Verdammt noch mal. Jetzt dreh nicht durch. Du reißt dich jetzt zusammen! Okay?“

Und Vivi bat ruhig und lieb: „Bitte lass mich raus.“ Warf einen Blick auf Uschi und brach wieder aus: „Die rennt doch sofort zu den Bullen ...“

Uschi unterbrach entschlossen: „Okay. Ich bin dabei.“

„Na also, geht doch“, grinste Walter und ließ Vivi los. Manchmal konnte Uschi echt hilfreich sein.

Nur schob Uschi nach: „Unter *einer* Bedingung.“

Keine Hilfe ohne Bezahlung. Na bitte.

„Dass wir gemeinsam überlegen“ fuhr Uschi fort, „was wir mit der Täterin machen. Das ist kein Aprilscherz, das ist Mord. Oder hab ich da was übersehen?“

Dagmar nickte, zu allem bereit. „Hauptsache, wir schaffen Zöllner hier raus, Walter kann sich ihren Orden später abholen.“

Aber Uschi hatte Recht: man hatte die Bullen im Haus, wie

brave Leute die Handwerker. Handwerker machen mehr Dreck, Bullen sind gefährlicher.

Andrerseits war der Herr Kommissar jetzt bereit, die Damen auszuquetschen. Und so was interessiert Schlusen mehr als ein Wäschetrolley.

Das war die Rettung. Wenigstens für den Augenblick.

Uschi und Dagmar erledigten den Transport, und nachdem auch sie, als Letzte, beim Kommissar fertig waren, kam Uschi in die Zelle zurück und teilte Walter mit, offiziell wie der Amtsbote: „Ein Gericht wird darüber entscheiden, was mit dir passiert."

Walter lachte bloß. „Ist *mir* doch egal."

Aber Vivi kriegte es sofort wieder mit der Angst. „Was für ein Gericht?"

Was Uschi überhörte. Sie ordnete an: „Wir treffen uns nach der Schicht in meiner Zelle." Und war draußen.

„Was soll das?" rief Vivi aufgeregt. „Gerichtsverhandlung! Du kannst dir ja vorstellen, was da abläuft."

Für so was hatte Walter bloß ein müdes Grinsen.

„Uschi wird dich vorführen und fertig machen!"

Gleichgültig: „Das werden wir ja sehen."

Doch Vivi ließ sich nicht beruhigen. „Und wenn das *nicht* so läuft, wie du dir das vorstellst? Was, wenn sie dich verurteilen?"

Sie? Uschi würde nicht so blöd sein und ein paar Mädels einweihen. Also nur Uschi und Dagmar. Dagmar sollte es bloß wagen – und mit der König würde sie schon fertig werden.

„Du brauchst keine Angst zu haben“, beruhigte sie Vivi. „Es kann nichts passieren.“

Die gab eigensinnig zurück: „Wie kannst du nur so sicher sein?“

Die Antwort, gedämpft, und völlig ruhig: „Weil ich Zöllner nicht umgebracht habe.“

Schon komisch, einen Gag zweimal zu bringen. Macht aber nichts, vor allem, wenn er erst beim zweiten Mal zündet. Und das tat er.

Vivi fuhr herum wie gestochen: „Was hast du da eben gesagt?“

Also zum dritten Mal, langsam und deutlich, zum Mitschreiben: „Ich habe Zöllner nicht umgebracht.“

War Vivi endlich zufrieden? Pustekuchen. „Warum hast du dann gesagt, dass du's warst?“

Walter hätte beinah gelacht, versicherte stattdessen aber ernsthaft: „Das *hab* ich nicht. *Dagmar* hat es gesagt, und *du* hast es gesagt, zu Uschi.“

Überrumpelt sprang Vivi auf. „Weil *du* nicht gesagt hast, dass du's *nicht* gemacht hast!“

So jemanden sollte man stillen wie ein Baby! Also funkelte Walter nur mit den Augen, breitete aber die Arme aus und sagte begütigend: „Komm.“

Aber das süße Baby rührte sich nicht, Trotz und Ärger im Gesicht.

Innerlich seufzend stand Walter auf. Kam Vivi nicht zu ihr, musste sie eben zu Vivi kommen. Doch die wollte gar nicht, dass sie kam. Die hielt sofort Abstand. „Wie kannst du so was machen!? Ich hab gedacht, dass du das Dreckschwein für mich umgebracht hast, und jetzt ...!"

Zum Donner! Doch Walter zügelte den hochsteigenden Ärger und schaffte es, einigermaßen ruhig zu fragen: „Kannst du mir mal sagen, was du willst? Zuerst scheißt du dir in die Hose, weil ich Zöllner *umgebracht* habe, und jetzt bist du stinksauer, weil ich ihn *nicht* umgebracht habe."

Das wirkte offenbar. Rasch kam sie her, mit gesenktem Kopf, und Walter nahm sie in den Arm. Na also. Ihr Haar roch hinreißend. Und ganz allmählich hatte Walter richtig Spaß bei der Vorstellung, was noch so alles passieren würde.

Puff – und das „hohe Gericht" wäre erledigt.

11

An diesem Nachmittag zeigten die vier Wissenden besonderen Arbeitseifer, sprich: waren besonders früh in der Wäscherei.
So konnte man die Plane, in der Zöllner nach Feierabend in die Gärtnerei kommen sollte, unauffällig mitbringen. Außerdem hatten Dagmar und Uschi Zöllner vor der Fragestunde des Kommissars bloß in die Maschine kippen können. Da musste man jetzt vorbauen, mit dreckiger Wäsche. Aber keinesfalls die Maschine laufen lassen.

Dummerweise war Lollo auch schon da, völlig hingerissen von irgendeinem Daniel, der sich auf Befragen als Kommissar Fuchs herausstellte. Die flog eben auf alles, was Hosen trägt. Wobei die Damen der Schöpfung immer vergessen, dass auch Unterhosen Hosen sind. Und die tragen sie selber auch. Zumindest die meisten, meistens.

Lollo abzulenken war der passende Job für Vivi. Mit der Waschmaschine wollte sie sowieso nichts zu schaffen haben. Also baute Walter sich an der offenen Tür auf, während Uschi und Dagmar die Maschine stopften.

Natürlich musste Dahnke hereinspazieren. „Was ist mit der Maschine?“

„Läuft nicht“, antwortete Dagmar schlagfertig, aber dumm. Denn Dahnke legte den Schalter um, grinste schief: „Weiber und Technik!“ Und verduftete wieder.

Musste man eben Deckung spielen: unauffällig arbeiten, egal was. Wär schön blöd, wenn Zöllner den anderen einen letzten Gruß zuwinken würde.

Wie's der Teufel wollte, kam Regine vorbei, Suchanzeige in den Augen, entdeckte offenbar, was sie gesucht hatte, direkt neben der laufenden Waschmaschine, und kam eilig her. „*Ihr* habt die Plane! Die muss in die Gärtnerei.“

Musste sie, ja, aber anders.

Uschi stellte sich in den Weg. „Das machen *wir*.“ Und Walter sekundierte: „Für uns gar kein Problem. Wir würden dir gern einen Gefallen tun ...“ Besser hätte sie die Schnauze gehalten.

„Komm schon, Walter!“ Wie gesagt, Regine war nicht total verblödet. „Ich bin nicht Vivi, *die* Tour zieht bei mir nicht. Was ist passiert?“

Dagmar wollte hilfreich sein: „Nichts ist passiert, wir wollen dir nur helfen ...“

Scheiße. Süßholz von Dagmar, ausgerechnet.

Regine fragte nicht mal mehr nach. Genau das war's ja, was immer so von oben runter wirkte. „Die Plane her!“ befahl sie knapp und wollte zupacken.

„Warte, warte.“ Nicht mal Uschi fiel was Gutes ein, und Regine hob nicht mal die Augenbrauen. Ihr Blick wurde kalt. Wie ABC-Schützen vor der Lehrerin.

Uschi gab sich einen Ruck. „Es ist *doch* was passiert."

Damit waren's *fünf* Wissende.

Jemand wie Regine macht sich die Pfoten nicht selber schmutzig. Zöllner entsorgen, das mussten die anderen übernehmen.

Dabei war Zöllner garantiert nicht mehr dreckig. Hatte nach seinem Ableben zwei Vollbäder verpasst bekommen, erst Schaumbad mit Dagmar, wie reizend! Dann Vollwaschgang mit Damenunterwäsche, vielleicht noch reizender – echter Service!

Dummerweise war die Gärtnerei nicht mehr verwaist. Zum humanen Strafvollzug gehörte wohl auch, dass Martina, den ersten Tag von der Krankenstation zurück, in die Gärtnerei abkommandiert worden war. Womit sie zuletzt doch noch von der Bildfläche verschwunden war, wenigstens meistens.

Die Rollenverteilung war klar: Dagmar lenkte Martina ab, Walter und Uschi kippten den sauberen Zöllner auf die Kompost. Dann konnte Martina das Hochbeet abdecken; draußen war's nämlich inzwischen arschkalt, der Herbst ließ sein eisiges Band oder so.

Bei der Gerichtsversammlung am Abend in Uschis Zelle war Vivi natürlich wieder dabei. Und Regine erst. Eine wie sie durfte sich so ein „Politikum" auf keinen Fall entgehen lassen.

Uschi lehnte am Tisch, den anderen gegenüber, und forderte: „Zuerst schwören alle Anwesenden, dass sie dieses Gericht anerkennen."

Eifrig hob Dagmar die Pfote.

„Moment!“ Das war Regine, voll im Element. „Zuerst muss das Gericht gebildet werden.“

Dagmars Pfote sank wieder runter.

Uschi bestimmte: „Ich übernehme die Richterrolle und die Anklage. Walter muss für das, was sie verbrochen hat, zur Rechenschaft gezogen werden.“

Da konnte man nur leicht grinsen.

Regine aber hatte ganz andere Sorgen. „Spiel hier nicht den Diktator“, wies sie Uschi zurecht. „Die anderen müssen auch Einfluss auf die Gerichtsbeschlüsse nehmen. Vivi und Dagmar werden dich als Geschworene kontrollieren.“

Die Politische eben. Vivi aber war's offenbar zufrieden: „Und Walter braucht einen Anwalt.“

Als müsste man Walter helfen. Ausgerechnet. Da hatte Walter aber auch was dazu zu sagen. „Uschi spielt sich doch hier bloß so auf, weil sie selber Anführerin werden will. Aber im direkten Vergleich siehst du ziemlich alt aus.“

Scharf geschossen. Denn Uschi *war* ja bereits eine Anführerin. Prompt schoss sie zurück: „Und warum habe ich dann geholfen, die Leiche wegzuschaffen? Wenn ich dich loswerden wollte, hätte ich den Bullen alles erzählt und mir nicht noch die Finger schmutzig gemacht.“

Getroffen. Zur Überleitung eine Zigarette ins Gesicht stecken ist prima. „Trotzdem. Ich brauch keinen Rechtsverdreher!“

„Bitte!“ bettelte Vivi. „Jetzt lass dir doch *einmal* helfen.“ Die hatte irgendwie nicht recht drin, was und wieso bisher alles gelaufen war. Wer hatte bisher eigentlich wem immer geholfen? Vivi aber schlug vor: „Wie wär's denn mit Regine als Pflichtverteidigerin?"

Die Frau Professor zögerte keinen Augenblick: „Einverstanden." Diesen Job hätte sie sich früher wohl nicht träumen lassen.

Einzig Dagmar benahm sich, wie getreue Gefolgschaft sich zu benehmen hat: „Na, dann ist ja alles klar!" War wirklich besser, wenn dieser Zirkus endlich mit der Vorführung loslegte.

Aber sofort war Uschi anderer Meinung: „Nicht ganz."

Was denn *noch*?

„Ich möchte mal wissen", fragte sie Regine, „warum *du* plötzlich so sozial bist."

Richtig. Die hatte sich sonst doch aus allem rausgehalten.

Regine machte wieder diesen Blick, als drücke sie alle in den Staub, und sagte zu Uschi: „Weil irgendjemand dir deinen verdammten selbstgefälligen Gerechtigkeitswahn austreiben muss."

Nicht einmal Uschi fiel dazu was ein. Regine wartete auch gar nicht, sondern kam zum nächsten Punkt: „Was ist mit den Geschworenen?"

Spätestens jetzt müsste Uschis Retourkutsche kommen. Und sie kam. „Das Gericht muss, im Gegensatz zum Wunsch der Verteidigung, auf Geschworene verzichten. Dagmar *ist* bereits Zeugin, *Vivi* ist offensichtlich befangen."

Regine, die Verteidigung, gab kühl zurück: „Dann sind wir eben *alle* Geschworene und erkennen nur ein einstimmiges Urteil an."

Damit musste sogar Uschi einverstanden sein. Womit endlich alles klar war. „Dann sprecht mit jetzt alle nach …" Sie hob die Schwurhand: „Wir schwören, dass wir dieses Gericht und sein Urteil anerkennen …"

Eifrig hob Dagmar die Pfote. Aber auch diesmal sank die Pfote wieder runter. Die Schwörerei kam einfach nicht zu Potte. Diesmal wegen Vivi. Aufgeregt: „Aber Walter … Wartet! Ich kenn sie doch …" Sofort ausgebremst von Uschi: „Wenn du dich wieder beruhigt hast, würden wir gern mit der Verhandlung anfangen."

Was Walter hätte kontern müssen. Aber sie hatte Vivi doch längst gesagt, dass es keinen Grund zur Aufregung gibt.

Also fing der Zirkus endlich an.

Uschi, als Richter: „Walter! Schuldig oder nicht schuldig?"

„Nicht schuldig."

Uschi verzog keine Miene. „Dagmar! Du bist Zeugin. Was ist passiert?"

Und so weiter. Wie auf dem Jahrmarkt. Bis Vivi offenbar bemerkt hatte, dass Walter sich gemütlich zurücklehnte, und sich schon wieder aufregte: „*So* läuft das nicht!" Zu Uschi: „Du kannst doch nicht Richter und Staatsanwältin in einer Person sein! Das ist ungesetzlich!"

Uschi blaffte: „Ich bin Staatsanwältin! Richter sind wir alle."

„Scheiße!" Vivi mit Tränen. „Für dich ist doch schon jetzt klar, dass Walter es war!"

Eigentlich richtig süß, ihre Angst. Aber so unnötig wie die Panik mancher Weiber beim Anblick der Maus in der Küche.

Ausgerechnet Regine, von der kein Mensch wusste, wie viele Leute sie per Bombe oder Knarre erledigt hatte, und zwar kalt recherchiert, und jede Menge andere dazu, die das Pech hatten, zufällig dabeizusein. Ausgerechnet Regine nahm Vivi an der Schulter, als sei sie ihre Mutter, was sie dem Alter nach auch hätte sein können, und tröstete wie eine Mutter die große Tochter: „Komm, beruhige dich. Wir werden alles klären."

Und Vivi folgte sofort. So eine Mutter hätte sie wohl gern gehabt. Wo ein solcher Saukerl von Vater gedeiht, kann die Alte auch nicht besonders sein. Vielleicht nicht *immer*, Susanne zum Beispiel.

Regine, wieder kalte Verteidigerin, der vor allem die Tatwaffe fehlt, fasste zusammen: „Aussage gegen Aussage. Ich schlage also einen Ortstermin vor."

„Stattgegeben", verkündete Uschi.

Stattgegeben tun sonst bloß die Richter. Das wussten sie hier zur Genüge. „Richter sind wir alle", hatte sie Vivi zurechtgewiesen. Manche sind eben richteriger als andere. Walter grinste.

Als demütige Angeklagte folgte sie den anderen ins Bad, zeigte, wie Zöllner dagelegen hatte: „Den Kopf in diese Richtung. Na ja – Mensch, ich wusste doch nicht, ob er tot ist, da hab ich ihn angefasst, und dann stand plötzlich Dagmar neben mir."

Regine, kühl forschend: „Dagmar – von wo bist du gekommen?"

Dagmar deutete in den Gang. Alle guckten. Die Tür ging

auf, Lollo erschien, Handtuch um den nackten Körper geschlungen, und glotzte nicht schlecht.

Regine fing sich als Erste. „Was machst *du* denn da?"

„Was wohl?" gab Lollo zurück, als sei Regine doof. „Ich hab geduscht." Und wollte *auch* eine Antwort. „Was ist denn *hier* los?"

Musste ziemlich merkwürdig ausgesehen haben: Vivi hockte unterm Waschbecken und war damit beschäftigt, sich nicht mehr aufzuregen, Uschi, Dagmar und Regine standen da, und Walter kniete vor ihnen, als erwarte sie das Henkerbeil.

Uschi blaffte: „Das geht dich nichts an. Raus hier!" Immerhin gehörte Lollo zu ihrer Mannschaft.

„He, he!" protestierte Lollo. „Ich kann mich hier aufhalten, so lange ich will, klar!?"

Ihren Mädels hätte Walter das nicht durchgehen lassen. Sah man doch, was lasche Führung bringt. Uschi musste sogar freundlich tun: „Mach schon, wir haben was Wichtiges zu besprechen."

Lollo lümmelte sich davon, trotzdem sah Uschi zufrieden aus und wollte weitermachen.

„Moment!" Wieder Regine, wie schon mal, aber anders. „Von *wo* ist Lollo gekommen?"

Jetzt durfte sogar Vivi was sagen, war ja auch nicht schwer. Sie deutete über die Schulter: „Hier, aus der Dusche."

„Eben." Regines Gesicht war besonders undurchdringlich. „Wenn Walter *so* vor Zöllner gekniet hat, hätte sie sehen müssen, wie Dagmar reinkam. Sie hat es aber nicht gesehen. Weil Dagmar nämlich schon *hier* war, und zwar *da* drin." Sie deutete streng zur Dusche und fuhr kalt fort: „Wir sollten uns also fragen, was Dagmar und Zöllner gemacht haben, *bevor* Walter hereinkam."

Genau das war's, was dauernd geklickt hatte! Und jetzt wieder klickte. Wie ein voll gestopfter Uhrenladen.

Langsam erhob Walter sich, ganz langsam, nahm Dagmar beinah zärtlich im Genick und drückte sie gegen die Kachelwand. „Du Drecksau." Echt sanft und leise. „He!" Zart streichelte sie ihr das Gesicht. „*Du* hast ihn umgebracht." Streichelte weiter. „Und *mir* wolltest du's in die Schuhe schieben." Langsam, ganz langsam strich ihre Hand über's Gesicht runter, über Hals und Brüste, ganz langsam.

Ein halber Schritt zurück und – kurze Gerade, voll in die Fresse.

Dagmar kippte weg, wollte davonkrabbeln, Richtung Wanne, Walter zerrte sie an den Füßen zurück, drehte sie auf den Rücken wie einen Käfer, hockte sich auf ihre Beine und bearbeitete ihren Magen, volle Dampframme, und Dagmar brüllte, jammerte, heulte, wehrte sich aber nicht, wollte immer bloß weg, weiterkrabbeln, Richtung Wanne, von hinten packten Regine und Uschi zu, wollten Walter wegziehen, bevor diese Schlange womöglich auch noch abnippelte, klar, trotzdem schrie Walter: „Lasst mich, lasst mich!" Schüttelte die beiden ab, war aber für einen Moment abgelenkt, und Dagmar, Arme lang überm Kopf, fingerte an der Montagekachel neben der Badewanne herum, und gerade, als die erste Ramme wieder einschlug, hatte sie die Kachel rausgekippt und zischte: „Noch *ein Mal* und ich stech dich ab!"

Walter starrte auf das Rasiermesser vor ihrer Nase: die von Regine dringend gesuchte Tatwaffe.

Der Fall Zöllner war erledigt.

Nicht ganz. Der Fall Zöllner hatte natürlich noch ein Nachspiel, genau genommen sogar mehrere Nachspiele, einige davon ziemlich spät und ziemlich unangenehm, andere höchst angenehm. Das angenehmste folgte direkt auf Dagmars Entlarvung, und zwar in Uschis Zelle. Nämlich Nachuntersuchung, Dagmars Geständnis der Drogendealerei mit Zöllner nebst Urteilsverkündigung.

Denn Uschi hatte eine Glanzidee, das musste man ihr lassen, und zwar verkündete sie, jetzt plötzlich wieder alleinige Richterin: „Weil du versucht hast, Walter in die Scheiße zu reiten, wird *Walter* jetzt deine Strafe bestimmen."

Da war Dagmar vollends fertig. Über Walters Gesicht aber breitetete sich ein entzücktes Grinsen aus, immer breiter und entzückter, bis Dagmar sich ängstlich zu ihr umdrehte. Da verlosch das Grinsen, als hätte man es ausgeknipst.

Gemächlich erhob Walter sich, steckte eine neue Zigarette ins Gesicht und wanderte durch die Zelle – ein schwerer Denker beim Nachmittagsspaziergang.

Endlich fing sie an: „Es ist auch *so* schon beschissen genug hier drin, auch ohne dass einen diese Schlampe bescheißt." Allmählich kam sie in Schwung. „Ich meine: den ganzen Tag aufräumen, Schuhe putzen, und dann auch noch die Wäsche!" Sie redete sich so richtig in Fahrt. „Ja, man hat den ganzen Tag unheimlich viel zu tun." Jetzt fing auch Vivi an, entzückt zu grinsen, auch sie immer breiter. „Aber nicht nur ich", fuhr

Walter fort. „Auch meine Frau! Die arbeitet sich die Finger wund." Vivi nickte eifrig, und Walter umrundete Dagmar langsam. „Betten machen, Frühstück machen. Wir sehen uns fast überhaupt nicht mehr." Stoppte vor Dagmar, beugte sich runter und sah ihr direkt in die Augen.

Der war's offenbar ziemlich ungemütlich. Trotzdem versuchte sie, locker zu bleiben. „Na los, dann sag schon!"

Dafür kriegte sie eine Ladung Rauch ins Gesicht. Walter richtete sich wieder auf, stellte sich neben Uschi und Regine, gut einen Kopf größer, und legte eine gekonnte Kunstpause ein.

Endlich: „*Ich* werde hier nicht mehr Hausfrau sein!" Damit ging sie drohend auf Dagmar zu. „*Du* wirst, bis ans Ende deiner Tage, meine *Leibsklavin* sein."

„Scheiße ..." Jetzt hatte Dagmar offenbar Mühe, locker zu bleiben.

Walter aber wurde immer fröhlicher: „*Du* wirst dafür sorgen, dass *ich* mit dem ganzen Quatsch überhaupt nichts mehr zu tun habe!" Lachte endlich laut los, schüttete sich geradezu aus vor Lachen – und Vivi strahlte! Das war überhaupt das schönste.

Uschi, wieder als Richterin. „Außerdem wird dir der Drogenhandel untersagt. Das Urteil ist gültig."

Mit Uschi konnte man durchaus mal so richtig einer Meinung sein. Nur Regine war noch nicht zufrieden. Sie war noch immer dabei, Uschi den verdammten selbstgefälligen Gerechtigkeitswahn auszutreiben. Schließlich waren sie *alle* Richter und *alle* Geschworene. Also verkündete auch sie was, nämlich: „Damit du dich an das Urteil hältst, nehmen wir die Tatwaffe in Verwahrung." Und schwenkte das Tütchen mit den beiden Rasierklingen an kurzer Latte.

Das schönste Nachspiel aber kam erst noch: die Versöhnung mit Vivi. Unterm Baldachin.

Liebe kann echt wundervoll sein.

Nur vergisst man das leider ab und zu. Vor allem, wenn ein Toter nicht tut, was er soll, nämlich tot sein. Sondern sich immer wieder einmischt. Denn das Versöhnungsfest war noch längst nicht das allerletzte Nachspiel gewesen.

Das wusste nur noch niemand.

12

Also wäre endlich alles bestens gelaufen.

Hätte nicht Lollo einen goldenen Ring gefunden. In der Waschmaschine. Was ja vorkommen konnte, wurde die Wäsche unter anderem auch aus den großen Hotels geliefert.

Dumm bloß: es war zufällig genau die Waschmaschine, in der Zöllner gesteckt hatte.

Nachdem sie den Ring erst mal eine Weile als Schmuck an der Halskette getragen hatte, schenkte sie ihn diesem Daniel Fuchs, seines Zeichens Kripokommissar und Lollos große Liebe. Und dieser Fuchs hieß nicht nur so, der war auch einer. Jedenfalls hatte er ziemlich schnell raus, was „GZ und SZ", im Ring eingraviert, bedeutet: Gerhard und Sybille Zöllner.

Dabei lag Gerhard noch immer im Kompost. Obwohl Uschi gesagt hatte, da könne er nicht bleiben.

Garantiert wäre die Untersuchung wieder losgegegangen, hätten die fünf Wissenden nicht Lollo, die Unwissende, mit – sagen wir mal – schlagkräftigen Argumenten davon überzeugt, dass man das verhindern müsse. Schließlich ist kaum was gefährlicher, als wenn der Fuchs mit der Gans Hochzeit feiert.

Die Gans sollte behaupten, Zöllner hätte mit ihr geschlafen, was der Fuchs sofort glauben würde, weshalb er auch die Fortsetzung glauben würde, nämlich dass Zöllner bei derlei Tätigkeiten außer Haus den Ring abzulegen pflegte und ihn diesmal, stark beeindruckt von Lollo, was der Fuchs allen Andeutungen nach ebenfalls sofort glauben würde, einfach vergessen hatte.

Damit war das endlich aus der Welt. Dass Lollo dabei ihren heißgeliebten Daniel verloren hatte – egal. Diese Gans würde ihren Fuchs schon wiederfinden. Oder umgekehrt, klar.

Endlich wäre alles bestens gelaufen.

Hätte die Kaltenbach nicht mal wieder einen Anfall von „humanem Strafvollzug" gehabt. Das hatte natürlich erst mal nichts mit Zöllner zu tun. Diesmal war's ein Fest für alle Insassinnen, vor allem für die Mütter unter ihnen, sprich: eine Art Mutter-Kind-Gruppe, zum Fest aufgemotzt, natürlich nach Susanne Teubners Idee. Die war ja noch immer Stationssprecherin.

Wenn sich's um Kinder handelte, lag Martina nahe. Zwar hatten ihr alle die Hand gegeben. Das hieß aber noch lange nicht, dass sie ihr glaubten. Vivi sagte: „Wenn *die* ein Kind umarmt, hat man doch Angst, dass Gottweißwas passiert." Und alle nickten.

„Warum hört ihr nicht endlich auf damit? Sie sagt, sie *hat* ihr Kind nicht umgebracht." Die Teubner, natürlich.

Kein Wunder, dass Vivi durcheinander war und davonrannte, als die Kinder endlich reingelassen wurden.

Bis Walter das merkte und nach Vivi suchte, war sie bereits am Aufräumen der Zelle.

„Lass das doch unsere Sklavin machen!“ lachte Walter. „Wofür haben wir sie denn?“

Prompt ließ Vivi einen Stapel säuberlich zusammengelegte Handtücher fallen.

„Da sieht man's!“ kommentierte Walter heiter.

Vivi war aber überhaupt nicht heiter, im Gegenteil, die schluckte gegen Tränen an. „Das ist alles nur wegen ...“ Wusste nicht weiter, stieß dann aber vor: „Wegen *dir*!“

„Jetzt mach aber mal 'n Punkt!“ Was konnte denn *sie* dafür? Und *wofür* eigentlich?

Aber Vivi sah ganz schön blass um die Nase aus, wollte was sagen, ließ sich stattdessen auf die Bettkante sinken und starrte vor sich hin.

„Was ist denn *jetzt* schon wieder?“ fragte Walter und seufzte. Aber bloß innerlich.

„Mir ist kotzübel!“

So sah sie auch aus. Besorgt: „Du legst dich hin und denkst an was Schönes. Dann geht es dir auch wieder besser.“

Vivi kriegte blanke Augen und rief störrisch: „Ich will aber nicht nachdenken!“

Immer hatte sie irgendwelche Fürze im Hirn. Kotzübel kann schließlich mal vorkommen. „Jetzt zick hier nicht so rum!“ Ärgerlich steckte sie eine Zigarette ins Gesicht und rauchte an.

Vivi quengelte sofort weiter: „Das ist wieder typisch, mir ist schlecht und du qualmst die Bude voll!“

„Du bist heute unerträglich! Kriegst du deine Tage oder was?“

Jede andere hätte sich vor Walters Blick geduckt.

Nicht Vivi. Die gab den Blick zurück, dann warf sie sich aufs Bett und sagte zum Kissen: „Ach, lasst mich doch alle in Ruhe!“

Bitte sehr! Wenn's *so* ernst war, konnte sie den Rauch genauso gut aus dem offenen Fenster pusten. Nichtrauchen ist für Raucher ja total ungesund. Hinterher rauchen sie zu viel. Um's wieder reinzuholen.

Aus dem Fenster rauchen kann Nachteile haben. Wenn man dabei nämlich *nicht* rausguckt. Wenn man aber rausguckt, sieht man zum Beispiel, dass draußen jemand durch den Schatten schleicht.

Dagmar!

Die dürfte aber gar nicht draußen durch den Schatten schleichen, nicht um diese Zeit.

„Kannst du mir mal sagen, wie Dagmar nach Stationsschluss in den Hof kommt?“

Vivi sprang hoch, rannte auf die Toilette und kotzte. Natürlich *nicht* wegen Dagmar.

„Hei!“ rief Walter vor der Tür. „Was ist denn? Alles in Ordnung, Schätzchen?“

Statt Antwort Wasserspülung.

„Wahrscheinlich hast du heute Nachmittag zu viel Kuchen gegessen.“

Von drin, ironisch: „Wahrscheinlich.“

Käsebleich erschien sie wieder und setzte sich auf die Bettkante. Andererseits war gleich Zelleneinschluss. Man könnte noch die ganze Nacht fürsorglich sein. Dagmar aber konnte man *jetzt* überraschen, oder erst morgen. „Ich komm sofort wieder und kümmer mich um dich."

Warten wäre besser gewesen. Weil Dahnke Dienst hatte, und der hatte schon immer besonders witzig sein wollen und vor lauter Lachen nichts bemerkt. So auch jetzt. Dagmar zum Beispiel, die gerade am Aquarium vorbeischlenderte. Dafür Walter, die neben der Zellentür lehnte: „Schon mal was von Zelleneinschluss gehört?"

Da blieb nicht mehr viel. Nur: „Schöne Luft draußen, stimmt's? Hast du deinen Mondscheinspaziergang beendet?" Was zwar Spaß machte, letztlich aber nichts brachte, außer dass Dagmar gewarnt war.

Um Vivi kümmern konnte sie sich auch nicht mehr. Schlief schon. Schade. Sie hätte gern noch ein wenig über Dagmar geplaudert.

Also rieb sie innerlich die Hände und ging leise zu Bett. Würde das ein schöner Morgen werden!

Ein rechter Kerl schläft wie ein Stein. Wieso auch nicht? Babys brüllen sowieso immer bloß nach Mamis Busen. Normalerweise kommt ein rechter Kerl morgens auch nicht aus den Federn. Dieser Morgen versprach aber Spaß. Also war's umgekehrt als sonst: Walter wollte aufstehen, und Vivi schlief noch.

„Morgen, Süße!" rief Walter munter.

„Bitte", tönte es schwach unter der Decke vor, „nur noch fünf Minuten."

„Was ist denn los?"

Sehr schwach: „Ich hab kaum geschlafen."

Walter hob den Deckenzipfel und strich ihr die Strähne aus dem Gesicht. „Immer noch der Magen?"

Vivi wollte sich aufsetzen, wäre aber wieder umgesunken, hätte Walter ihr nicht hochgeholfen. „Ich hab die ganze Nacht gekotzt. Aber jetzt geht's schon."

„Geht schon gibt's nicht", entschied Walter. „Du gehst zu Beck und lässt dich untersuchen."

Wer geht schon gern zum Arzt? Dabei konnte Vivi kaum den Morgenmantel anziehen.

Weshalb Walter, als Silke aufschloss und fröhlich behauptete, der Morgen sei gut, widersprach: „Meiner Frau geht's nicht gut. Können Sie dafür sorgen, dass sie zum Arzt kommt?"

Deshalb kam Walter zu spät. Susanne und Dagmar waren beim Duschen, die Zelle war leer. Was aber durchaus auch praktische Seiten hat. Zum Beispiel Ruhe bei der Zellenfilze.

Irgendwas musste sich finden lassen. Entweder das, was Dagmar draußen gemacht oder gesucht hatte. Oder ein Hinweis, wie sie überhaupt erst nach draußen gekommen war!

Eine Zelle bietet nun mal nur eine begrenzte Anzahl Verstecke. Das bewies ja gerade die Blödheit der Schlusen – *die* fanden meistens nichts.

Mal eben unterm Bettrost entlanggestrichen, und siehe da, hier klebte was, mit Klebestreifen, kannte man ja. Und was zum Vorschein kam, kannte man auch: ein Schlüssel, ein Schlusenschlüssel – *Zöllners* Schlüssel.

Dagmar, diese miese Ratte! Spielte brav die Sklavin und hielt sich den Abgang offen.

Bevor Walter zu Fall zwei kommen konnte: was Dagmar draußen getan hatte, kam Dagmar zurück. Derlei war mit ein paar knappen Handgriffen erledigt. „Du gehörst mir! Und damit gehört auch der Schlüssel mir, ist das klar?"

Es *war* klar. Natürlich.

Klar war auch, dass Dr. Beck Vivi ein Kreislaufmittel verpasst hatte; das würde sich also wieder geben.

Ziemlich nebelhaft dagegen war, was Walter nach dem Mittagessen zu hören bekam. Regine hatte Walter, Uschi und Dagmar zur Besprechung geladen, und wenn Regine was wollte, kam man auch.

Und was wollte sie? Behauptete, Vivi habe es nicht etwa am Magen, Vivi kotze auch nicht wegen schlechter Nerven oder wackligem Kreislauf, Vivi sei – schwanger.

„So ein Schwachsinn!" schrie Walter. „Das wüsst ich doch!"

„Ach ja?" zischte Uschi. „Und wenn Vivi sich nicht traut, dir was zu sagen, weil du immer gleich ausflippst?"

Was Dagmar natürlich sofort unterstreichen musste.

Das war mit „Halts Maul!" sofort geklärt, das andere, mit Vivi, war nicht so einfach zu klären, noch weniger zu stoppen. Falls es überhaupt stimmte.

„Wenn das die Runde macht", gab Uschi besorgt zu bedenken, „wird man sich fragen, von wem das Kind ist, und dann …"

„… wird der Fall Gerhard Zöllner von vorne aufgerollt", fuhr Regine fort.

Und Dagmar schloss ab: „Dann sind wir dran!"

13

Woher, zum Teufel, wusste ausgerechnet Regine, was als Erste Walter hätte wissen müssen? Von irgend einer Neuen, Caro oder so ähnlich. Das sollte Vivi erst mal erklären, aber gut, und bald, nämlich bei nächster Gelegenheit.

Die bot sich nach dem Essen im Hof, wo die fünf Wissenden sich wie zufällig zu einem unauffälligen Grüppchen zusammenfanden.

„Bist du nun schwanger oder nicht?" platzte Walter heraus.

Vivi antwortete leise: „Caro will mir einen Test besorgen."

„Wieso eigentlich Caro!?" Walter war langsam echt sauer.

„Zufall", behauptete Vivi und klang ziemlich glaubwürdig. „Ich weiß überhaupt nicht, warum *ihr* euch so aufregt. Schließlich ist das *meine* Sache. *Ich* bin schwanger."

War die wirklich so blöd, oder hatte ihr die Aussicht auf ein Baby das Hirn vernebelt?

Hilflos fragte sie: „Was soll das alles, Walter?"

Nebel, tatsächlich. Der war schnell gelichtet. Aber Vivi meinte: „Jetzt wartet doch erst mal ab. Vielleicht ist es ja Fehlalarm ..." Und sah aus, als würde sie das fast bedauern.

Wenn's drauf ankommt, gehorchen diese Weiber ihren Gefühlen wie Fahrplänen. Walter tat das zwar auch, hatte aber andere Gefühle.

Und was Vivi von wegen Abwarten gesagt hatte, war nichts weiter als eine Verschnaufpause, hätte man ja wissen können, hatte Walter ja auch gewusst. Denn Caros Schwangerschaftstest tat, was so ein Test tun muss, er stellte fest: diese Frau ist schwanger, und basta.

„Ich *will* nicht", schrie Vivi verzweifelt. „Oh Gott!"

Nutzte natürlich nichts.

Walter ließ den Test an der Mauer zerbröseln. „So eine verdammte Scheiße!"

Nutzte natürlich auch nichts. Und Vivis Tränen machten alles nur noch schlimmer.

Uschi stellte als Erste die entscheidende Frage, eine Frage, die Walter bisher zurückgehalten hatte. Uschi fragte nämlich, während die fünf Wissenden nachdrücklich mit Waschen, Bügeln und Zusammenlegen beschäftigt waren: „Du willst es doch nicht etwa kriegen, oder?"

Verschämter Blick, trotziges Schweigen.

„Hast du 'ne Macke?" brüllte Walter.

Dahnke hatte nichts gehört, saß im Glaskasten, Kopfhörer auf – Französischkurs, garantiert für Anfänger. Der hörte ja nicht mal, dass das Telefon klingelte.

Leider konnte Vivi plötzlich wieder denken: „Wenn ich eine Abtreibung will, muss Beck mich doch überweisen. Dann weiß es sofort die gesamte Anstaltsleitung!"

Half aber auch nichts. „Ob früher oder später, ist doch

egal“, säuselte Dagmar, das Aas. „Erfahren tun die das sowieso. Spätestens in ein paar Wochen wird es unübersehbar sein.“

Dummerweise hatte Dahnke das Telefon doch noch gehört und kam aus dem Glaskasten: „Andraschek zu Frau Kaltenbach!“

So leicht wäre sie sonst nicht davongekommen. Seltsam nur, dass sie ausgerechnet *jetzt* zur Kaltenbach gerufen wurde.

Das aber konnte Vivi hinterher in der Zelle leicht erklären: beim Kinderfest habe sie ein Bub von hinten umarmt, sie habe plötzlich gedacht, das sei ihr Lukas, der Bub habe sie aber nur verwechselt. Als sie sich zu ihm umgedreht habe, sei er zu seiner richtigen Mutter gerannt, und sie selber sei auch davongerannt, heulend nach draußen, voll der Kaltenbach in die Arme. Und da habe sie alles erzählt, wie das war, damals mit Lukas und so, und die Kaltenbach habe versprochen, sich drum zu kümmern, habe heute Morgen beim Vormundschaftsgericht angerufen, aber weil das damals eine verdeckte Adoption gewesen sei, dürfe man die Adresse von Lukas nicht rausrücken. Das habe ihr die Kaltenbach vorhin nur mitgeteilt.

Verdammt. Da saß sie, auf der Bettkante, ganz zusammengedrückt. Das war ja auch eine riesige Scheiße, damals, aber jetzt war die Kacke schließlich ebenfalls am Dampfen.

Walter, die sich vor Vivi aufgebaut hatte, paffte dicke Wolken. Das Kind musste sowieso weg, eine Kippe mehr oder weniger war jetzt scheißegal.

„Du hast Glück“, brummte sie endlich. „Wir haben eine Lösung gefunden. Die Alte ist auf der A. Sie hat mal in einer

Abtreibungsklinik gearbeitet und kann dir helfen. Dagmar kennt sie von draußen."

„Was meinst du mit helfen?" fragte Vivi verblüfft.

Irgendwie richtig süß in ihrer Ahnungslosigkeit. Also übte Walter sich in Geduld und erklärte liebevoll: „Schätzchen, wovon reden wir denn die ganze Zeit? Das Kind wegmachen natürlich."

Vivi zuckte zusammen, als hätte sie einen Schlag bekommen.

„Hab ich jetzt wieder was Falsches gesagt?" wollte Walter wissen. Dabei wusste sie's natürlich.

Keine Antwort, aber stumme Abwehr: Arme vor der Brust verschränkt.

„Du musst die Sache vernünftig sehen", drängte Walter behutsam.

Doch Vivi gab sich einen Ruck, stellte sich vor Walter auf und teilte entschlossen mit: „Ich will mein Kind behalten. Egal was passiert!"

„Bist du bescheuert!?" rief Walter entsetzt.

Und Vivi rief verzweifelt zurück: „Die Kaltenbach hat mir gerade gesagt, dass ich Lukas nie wieder sehen werde. Verstehst du? Nie wieder! Das passiert mir nicht noch mal. Garantiert nicht." Warf sich aufs Bett und sagte, wieder zum Kissen: „Jetzt lass mich in Ruhe!"

Walter schmiss die Kippe auf den Boden, trat sie wütend aus und zischte ab.

Zum Kotzen! Jetzt hatten sie sich gerade erst wieder zusammengerauft und hätten es wunderschön haben können. Stattdessen Krawall, wegen Nachwuchs, wie bei all den bescheuerten Ehepaaren mit Vorgärtchen und Vorzeigeauto. Scheiß Männer! *Und* scheiß Frauen! Vivi benahm sich doch genauso, wie man sich so ein Muttertier vorstellt! Dabei hatte sie doch längst bewiesen, dass sie eigentlich ganz anders war. Das müsste man ihr mal wieder klarmachen.

Dass sie selbst, Walter, sich genauso benahm wie die meisten Männer, dass auch sie das Klischee, wie man so schön sagt, perfekt ausfüllte – *die* Idee lag ihr genauso fern wie solchen Männern.

„Wir müssen sie zur Vernunft bringen", knirschte sie mit den Zähnen, als sie Uschi gefunden hatte. „Vivi ist völlig durchgeknallt."

Uschi wollte sie besorgt beruhigen. Jeden Augenblick konnte jemand in den Gruppenraum kommen und was mitkriegen.

Und es kam auch jemand, und zwar Vivi. Warf den beiden einen knappen Blick zu und wollte wieder verduften.

„Hier geblieben!" befahl Walter.

Vivi blieb, trotzte aber: „Ich weiß schon was ihr wollt! Vergiss es!"

„Der Typ hat dich vergewaltigt und du ...?"

Vivi stand bloß stocksteif da und starrte zu Boden.

Bis Uschi sanft auf sie einredete: „Du musst nur eins bedenken, du hast noch ein paar Jährchen abzusitzen. Und ein Kind, das hier zur Welt kommt, hat eine beschissene Zukunft vor sich."

Endlich hob Vivi den Kopf, Tränen in den Augen. „Aber es ist doch *mein Baby*! Ich *kann* es nicht umbringen!"

„Wenn du raus kommst, bist du alleine“, fuhr Uschi fort. „Niemand hilft dir. Du wirst ohne Job sein, ohne Wohnung, ohne einen Pfennig in der Tasche …“

Vielleicht war Uschis Methode gar nicht so übel. Also gab Walter zu bedenken: „Glaubst du, das *Jugendamt* wird dir dann das Kind lassen? Die werden dir’s genauso wegnehmen, und das ist dann noch viel schlimmer.“ Aber irgendwie wirkte das nicht so gut wie bei Uschi.

„Wer weiß, was bis dahin ist“, wischte Vivi alles beiseite. „*Hier* kann ich das Kind auf jeden Fall behalten.“ Verträumt: „Und es wird glücklich sein.“

Als sei’s längst beschlossene Sache.

Wütend brüllte Walter los: „Auch wenn es erfährt, dass seine Mutter den Mord an seinem Vater vertuscht?“

Aber Vivi bockte weiter. „So was will ich nicht hören!“

Da packte Walter zu, nur Vivis Arm; jede andere hätte mehr abgekriegt.

„Okay“, sagte sie in Vivis trotziges Gesicht hinein, plötzlich sehr ruhig, gefährlich ruhig. „Dann entscheide dich jetzt! Das Kind oder ich!“

Klar, Uschi wollte vermitteln. Das war aber eine Sache, die nur sie beide betraf, Walter und Vivi.

Zu Uschi: „Sie tickt doch total durch. Allmählich hab ich das Gefühl, da stimmt vorn und hinten was nicht!“ Zu Vivi, lauernd: „Vielleicht bist du ja überhaupt nicht vergewaltigt worden. Vielleicht hat’s dir sogar Spaß gemacht. Oder warum sonst lässt du dich mit diesem Schwein ein?“

Schrecksekunde.

Dann schlug Vivi zu. Ohrfeige, voller Schub.
Lautes Klatschen, dann Stille.
Nur Walters funkelnde Augen.

14

Ungestraft geschlagen worden war Walter noch nie. Ihr Opa hätte ein Liedlein davon singen können, k. o. und Krankenhaus.

Aber Vivi war nicht der Opa.

„Okay“, hatte Walter schließlich herausgepresst. „Ich hab verstanden.“ Hatte Vivi stehen gelassen, wo sie stand, und hatte Uschi rausgewunken. „Vergiss es! Lass uns lieber Zöllner wegschaffen, bevor sie bei der Kaltenbach Strampelanzüge beantragt und die hier alles auf den Kopf stellt.“

Damit war sie rausgegangen. Ob Uschi hinterherkam oder nicht, war ihr scheißegal gewesen, und was Vivi in diesem Moment machte, genauso. Dabei hatte sie sich doch echt bemüht, Vivi zu verstehen. Vivi dagegen hatte sich *nicht* bemüht, würde sie opfern, ohne mit der Wimper zu zucken, bloß weil sie ein Baby wollte, und hatte nicht mal verstanden, dass Walter das verdammt getroffen hatte. Nicht mal als sie's ihr klargemacht hatte: Baby oder ich. Oder warum sonst die Ohrfeige!?

Natürlich war Uschi hinterhergekommen. Und wie gerufen war gerade Regine übern Flur gelatscht.

Die beiden glotzten nicht schlecht, als Walter den Schlüssel zum Vorschein brachte. Alles Weitere wurde auf den Feierabend verlegt.

Man traf sich, sobald es dunkel war. Der schmierige Kittler im Aquarium würde nicht stören, mit derlei hatte man Routine. Man steht rum, als plaudere man zufällig ein paar Minütchen. Was tatsächlich läuft oder geredet wird, kriegt kein Schwein mit.

„Wir brauchen Stunden, um den fetten Zöllner einzubuddeln“, stellte Walter besorgt fest.

„Siehst du eine *andere* Lösung?“ fragte Uschi interessiert.

„So wie Vivi im Moment drauf ist …“ Walter schüttelte den Kopf.

Regine dachte wie immer klar auf den Punkt: „Dann müssen wir handeln! Die können uns jeden Moment auf die Spur kommen.“

Uschi war derselben Ansicht, und Walter natürlich auch.

Man nickte sich knapp zu, Regine zog die Fernbedienung des Fernsehers aus der Tasche und machte sich auf, Kittler zu nerven, damit er für ein paar Sekunden in die andere Richtung schaute.

Wie Walter erwartet hatte: eine Viecherei! Nach einem halben Meter wischte sie sich den Schweiß ab und brach in die genervten Worte aus: „Mann, bin ich froh, dass ich keine Kinder habe!“

Uschi buddelte verbissen weiter.

„Du siehst's doch wieder!“ knurrte Walter. „Wenn Kinder ins Spiel kommen, schaltet der Verstand aus.“

„Blödsinn!" Uschi sah nur kurz hoch. „Beeil dich lieber! In zwanzig Minuten ist Einschluss!"

Das schafften sie auch, knapp zwar, aber egal. Jetzt lag Zöllner, genauer: seine Leiche, wenigstens nicht mehr auf dem Kompost. Sondern schön tief unter der Erde. Und da gehören Leichen auch hin. Wenn auch nicht unbedingt in eine Gärtnerei.

Als Walter in die Zelle kam, um die verschwitzten und dreckigen Klamotten auszuziehen, kniete Vivi vor dem Bett, murmelte vor sich hin und hielt einen Rosenkranz in den Händen.

Vollends ganz ausgerastet. Der katholische Mief ihrer Alten schlug durch. „Geh mir bloß nicht noch mit deinen Selbstgesprächen auf die Nerven."

Vivi stand auf, steckte den Rosenkranz weg und sah sie fest an. „Ich führe keine Selbstgespräche. Ich bete."

„Die verliert ihren Verstand, eindeutig!"

Doch Vivi blieb beharrlich stehen und fuhr im selben Ton fort: „Ich bete, weil ich eine Todsünde begehe."

Beinah erschrocken fasste sie Vivi genau in den Blick, und Vivi sagte leise: „Ich werde abtreiben."

„Was!?"

„Ich würd in dem Kind immer Zöllner sehen. Was er gemacht hat, wie er mich angesehen hat und ..." Und brach aus: „Ich trage den Teufel in mir!"

So was haut einen glatt aus den Socken. Überwältigt nahm sie Vivi in die Arme, drückte sie, ganz fest, und murmelte: „Ist schon gut, nichts sagen." Konnte dann aber doch nicht anders und rief über Vivis Schulter: „Oh Mann!“ Weshalb *hatten* sie denn die Viecherei mit der Buddelei durchgezogen!

„Aber“, flüsterte Vivi an ihrer Brust, „du musst mir versprechen, dass es nicht weh tut.“

„Natürlich!“ versicherte Walter. „Ich besorg dir was von Dagmar, ich lass dich doch nicht im Stich ...“

Danach hielten sie sich nur noch stumm aneinander fest.

Für Vivi würde sie alles tun.

Tatsächlich? Hatte sie nicht gerade erst gedacht, es sei aus zwischen ihnen? Weil Vivi so bocksbeinig dabei geblieben war, das Kind austragen zu wollen? Hatte sie da alles für Vivi getan? Nein, da hatte sie beinah alles *gegen* Vivi getan. Und, ehrlich gesagt, wenn Vivi sich nicht plötzlich anders entschieden hätte – wer hätte garantieren können, dass sie *überhaupt* nichts mehr getan hätte, nicht für, nicht gegen? Am ehesten noch die Ohrfeige zurückgegeben – und tschüss!

Aber warum hatte Vivi sich plötzlich anders entschieden? Wegen Dagmar. Das erklärt sie jedenfalls, als sie unterm Baldachin lagen und vor dem Einschlafen noch eine Weile tuschelten, Walter aufgekratzt und froh, Vivi bedrückt und ängstlich.

Wegen Dagmar?

Nicht direkt. Dagmar sei ins Bad gekommen. Zuerst habe sie Angst gehabt, nackt und hilflos in der glitschigen Wanne. Doch Dagmar habe nur geredet, aber irgendwie nicht so wie sonst, richtig verständnisvoll, ganz anders als manche anderen Leute ...

Walter brummte nur.

Dagmar habe gefragt: „Was willst du deinem Kind eigentlich sagen, wenn es irgendwann mal nach seinem Vater fragt?" Habe gesagt: „Wirst du ihm sagen, was für eine miese Ratte er war, oder wirst du ihm irgendwas vorlügen?" Und zuletzt habe sie auf den nackten Bauch gedeutet und fast entsetzt gesagt: „Das ist kein süßes kleines Baby in dir drin. Das ist Zöllner!"

Da sei's ihr ganz schlecht geworden, und plötzlich habe sie gewusst, dass sie sich vor diesem Kind ekle und immer ekeln würde, und dass dieses Kind deswegen nie, wie sie zuerst gedacht hätte, glücklich werden könnte. Und wie schlimm es für Kinder ist, die unglücklich sein müssen, wisse sie genau, alles sei wieder hochgekommen, ihr Vater habe aber plötzlich wie Zöllner ausgesehen, derselbe geile Blick beim Ficken, fast genauso wie damals, als er ihren Goldhamster totgemacht hatte, bloß weil Goldie durch die Wohnung gelaufen war. Ihre Mutter sei die Einzige gewesen, die damals hätte helfen können, habe aber alles nur vertuscht. Und jetzt ginge das ganze von vorne los, auch *sie* müsste alles vertuschen ...

Walter legte den Arm um sie und zog sie ein wenig näher. Nicht zu nahe. Nicht zudringlich. Davon hatte schließlich gerade Vivi ein Liedlein gesungen.

Einfach nur da sein.

Wenn das immer so einfach wäre.

15

Für Vivi akzeptierte Walter sogar, dass Dagmar Drogen hatte. Besitz allein war auch nicht so schlimm. Das sollte jede mit sich selbst abmachen. Also ließ sie sich, als sie mit Vivi den Flur entlangkam, heimlich ein kleines Tütchen zustecken und gab's an Vivi weiter.

„Gern geschehen.“ Dagmar lächelte süß. „Heißt das, ich darf meinen Laden wieder aufmachen?“

„Hei, vergiss es. Das war 'ne Ausnahme.“

Doch Vivi ging einfach weiter und sagte, als befinde sie sich auf dem Weg zur Hinrichtung: „Gehen wir. Ich will, dass es so schnell wie möglich vorbei ist.“

Was es dann auch war. Einerseits.

Am anderen Morgen erwachte Walter zufrieden. Das Baby war weg. Vivi lag, wie tags zuvor, tief unter der Decke vergraben. Sie rührte sich auch nicht, als Kittler aufschloss und rief: „Aufwachen, meine Damen. Die Nacht ist zu Ende!“

„Sadist!“, knurrte Walter und wandte sich an Vivi: „Na, wie hast du geschlafen?“

Keine Antwort.

„Du musst aufstehen, Süße. Es ist schon nach sechs."
Keine Antwort.
Erstaunt setzte sie sich hoch. Okay, Vivi war gestern nur mit Mühe wieder in die Zelle und ins Bett gekommen. Und natürlich hatte man sie tröstend in den Schlaf wiegen müssen. Das wäre bei jeder so gewesen, nach so etwas.
Trotzdem kroch der Schreck hoch, ganz langsam, und setzte sich zwischen den Schulterblättern fest.
Vorsichtig zog sie die Decke beiseite, Vivis Gesicht kam zum Vorschein, Augen zu, totenblass.
„Vivi?"
Keine Antwort.
„Was ist los? Hast du Schmerzen?"
Nichts.
Jetzt war der Schreck im Kopf angekommen. „Mach keinen Quatsch!" rief sie und riss die Decke weg –
Blut, zwischen den Beinen, die Schenkel runter, alles voller Blut, Nachthemd, Leintuch, Bettdecke, furchtbar viel Blut!
„Oh Scheiße." Länger war die Schrecksekunde nicht. Heulend, zitternd, in fliegender Hast zerrte sie die leblose Vivi zur Bettkante, nahm sie unter den blutigen Kniekehlen, unter den Armen, hob sie hoch, stieß die Tür auf und brüllte: „Macht die Schleuse auf! Schnell!"
Die Schlusen kamen kaum hinterher, die Zuschauer, auch oben auf dem Gang vor dem zweiten Stock, kriegten kaum was zu sehen. Dr. Beck streifte sich hektisch die Gummihandschuhe über und rief: „Erzählen Sie mir nicht so einen Unsinn. Das hier *ist* keine Menstruation!"

Verdammt. Sogar jetzt musste man den eisernen Regeln folgen. „Ich hab keine Ahnung. Sie ist heute Morgen so aufgewacht."

Doch Beck hörte gar nicht mehr hin. Auf den Kopf gefallen war dieser Knabe noch nie. Ließ sie einfach stehen und Vivi liegen und wählte auswendig eine Telefonnummer, wartete ungeduldig und redete los: „Dr. Beck, JVA Reutlitz. Ich brauche sofort den Notarzt."

„Ins Krankenhaus!?" fragte sie erschrocken dazwischen.

Beck warf den Hörer auf die Gabel und schnauzte wütend: „Wenn Sie sie nicht gleich auf den Friedhof bringen wollen – ja!"

Diesmal dauerte die Schrecksekunde ziemlich lang. Nämlich bis Walter wusste, ob Vivi durchkommen würde. Dabei war die Kacke am Dampfen wie nie zuvor. Beck hatte kein Wort geglaubt. Und das Krankenhaus hatte seinen Verdacht natürlich sofort bestätigt. Die wussten also jetzt, dass Vivi schwanger gewesen war. Die wussten auch, dass sie keinen Freigang gehabt hatte, schon ewig nicht mehr, und dass nur eine Schluse in Frage kommen würde. Und von dieser Erkenntnis war's schließlich nicht mehr weit zur Wahrheit. Verdammte Scheiße.

Und natürlich, wer kam mitten während der Arbeitszeit in die Wäscherei und befahl, dass die Maschinen abgestellt wurden? Die Kaltenbach natürlich.

Kühl fing sie an: „Frau Andraschek liegt im Krankenhaus."

Niemand rührte sich.

„Aha, Sie wissen das natürlich alle."

Klar, die hatten Walter heute Morgen gesehen oder wenigstens gehört. Auch klar, dass die Kaltenbach schwer dran schlucken musste, wie wenig man ihr entgegenkam, nicht mal Susanne rührte sich. *Die* hatte doch die Idee mit dem Kindernachmittag gehabt, *da* hatte doch alles angefangen! Nein. Früher. Viel früher …

Kühl sprach Evelyn weiter: „Wie ich eben von Dr. Beck erfahren habe, hat sie ziemliches Glück gehabt, dass sie nicht verblutet ist."

Da hielt Walter das Schweigen nicht mehr durch. Rührte sich zwar nicht, fragte aber: „Heißt das, es geht ihr wieder einigermaßen?" Und hatte Mühe, gleichgültig auszusehen.

Unterkühlt kam zurück: „Ich weiß nicht, was Sie unter einigermaßen verstehen." Dann, eine Spur freundlicher: „Sie ist über den Berg."

Jetzt hatte Walter Mühe, den Jubel zu unterdrücken. Der Kloß im Hals blieb da.

Evelyn empfand wohl was Ähnliches. „Das ist noch lange kein Grund erleichtert zu sein." Sie fasste die Frauen genauer in den Blick, eine nach der anderen. „Weiß jemand Näheres über den Abbruch?"

Eisernes Schweigen.

„Oder von wem Frau Andraschek schwanger war?" Das klang, als habe sie bereits aufgegeben. Trotzdem stand sie hoch aufgerichtet da und wartete, ob nicht vielleicht doch jemand was sagen würde.

Und das tat auch jemand. Dagmar nämlich. Aber die hatte irgendwie keine Antenne für die Situation. Denn sie sagte schnippisch: „Ich frage Sie ja *auch* nicht, mit wem Sie ins Bett gehen."

Prompt schoss Evelyn scharf: „Ich glaube, das ist ein bisschen was anderes, Frau Friese." Und brach in Vorwürfe aus, nicht an Dagmars Adresse, an alle. Auch nicht scharf oder böse, eher traurig und mitgenommen: „Frau Andraschek hätte zu *mir* kommen sollen, dann ginge es ihr jetzt nicht so schlecht. Aber nein! Sie geht zu einer Engelmacherin, die sie für ein paar Päckchen Tabak fast verbluten lässt."

Betretenes Schweigen.

Natürlich war's Dagmar, die als Erste wieder das Maul aufmachte: „Es ist ja noch mal gut gegangen."

„Sicher, sie lebt." Evelyn ging sogar *darauf* ein, als zeige sie allen, dass sie für alle Sorgen und Nöte ein offenes Ohr hatte. „Aber auf Grund ihrer Verletzungen wird sie nie wieder ein Kind bekommen können!"

Fassungslos starrte Walter zu Boden. Bloß nicht auffallen.

Nur gewann sie ihre Fassung nicht wieder. Es nagte an ihr, fraß sie beinah auf. Ausgerechnet Vivi, die so dringend ein Baby haben wollte. Dabei hatte sie schon zweimal fast eines gehabt. Das erste Mal – darüber brauchte man kein Wort mehr verlieren. Da waren Vivis Eltern schuld, beide, hauptsächlich das Arschloch von Vater. Gesoffen, geprügelt, Tochter gefickt. Den hätte sie gern mal unter die Fäuste gekriegt.

Aber diesmal? Wer war diesmal schuld an allem? Zöllner natürlich, die Drecksau. Doch wenn man ehrlich war, was man vor sich selbst zuweilen sein sollte, war Zöllner nur der

Anfang gewesen. Den konnte niemand mehr büßen lassen. Schade, dass Dagmar schneller war, sie hätte sonst …

Was hätte sie? Und was *hatte* sie? Sie hatte gedacht: einfach nur für Vivi da sein. Stattdessen hatte sie Vivi verhöhnt, ausgelacht, gedemütigt, angeschissen, gezwungen. *Das* hatte sie. Aber hätte sie den Fall Zöllner einfach wieder aufrollen lassen sollen, weil die gemerkt hätten, dass Vivi schwanger ist? Und jetzt? Jetzt wussten sie's trotzdem.

Damals, beim Handel wegen Martina, hatte sie geglaubt, einen Körper in der Zelle zu haben sei bequem. Der Körper hatte zuerst einen Kopf gekriegt, dann Gefühle, dann ein Herz. Und irgendwann war plötzlich alles anders gewesen, irgendwie. Sie selber doch genauso! Bloß hatte sie's zu spät gemerkt. Noch am Tag vor der Abtreibung hatte sie blöde Kuh gedacht: Hauptsache der Körper funktioniert. Und *sie* hatte Vivi mal Lektionen erteilen wollen? Dabei hatte sie ja nicht mal selber was begriffen. Müsste sie sich jetzt nicht selber unter die Fäuste kriegen? Verdammt.

Sie konnte nicht mehr schlafen, sie wälzte sich jede Nacht nur von einer Seite auf die andere, äußerlich *und* innerlich, und kam kein Stück weiter. Vivi fehlte. Und es war, verdammt noch mal, nicht bloß ein Körper, der jetzt fehlte. Sie hätte unbedingt mit Vivi reden müssen. Aber natürlich – sie durfte nicht einfach raus und einen netten Besuch im Krankenhaus machen. Mein Gott! Wie oft hatte sie schon gehört, dass jemand einen Krankenbesuch machen *müsse*. Sie *wollte*. Und wie! Durfte aber nicht.

Der Knast war so eng und stickig wie nie zuvor. Sie rang nach

Luft, sie verweigerte das Essen, sie schlich herum. Nur gut, dass Dagmar und all die anderen, die ihr gern eins ausgewischt hätten, kein Oberwasser bekamen. Die hatten bloß alle Schiss davor sie aufzuwecken. Nutzte aber alles nichts. Nicht mehr. Wenn *das* die berühmte Liebe sein sollte – dann gut Nacht.

Doch dann wurde Vivi entlassen. Aus dem Krankenhaus. Was natürlich noch lange nicht hieß, dass sie wieder auf Station kommen würde. Aber sie wurde nach Reutlitz zurückverlegt, unter die Obhut Dr. Becks.

Und so kam's, dass Walter schon zum zweiten Mal einen Blumenstrauß für Vivi besorgt hatte, diesmal über die Kaltenbach, und diesmal dachte sie keine Sekunde dran, dass Vivi deswegen stolz sein müsste.

Beinah schüchtern, Strauß an die Brust gedrückt, betrat sie das Krankenzimmer. Vivi, noch immer furchtbar blass, Ringe um die Augen, sah ihr groß und dunkel entgegen.

„Hei, wie geht's dir?" fragte Walter. Das Allerwichtigste als erstes.

„Woher weißt du, dass ich hier bin?" fragte Vivi zurück. Das war offenbar das Allerwichtigste für sie. Nicht mal wenn man so dran war, durfte man vergessen, wo man ist, und dass man genau wissen sollte, wer was von wem und wozu weiß – wenn man überleben will.

„Hat mir die Kaltenbach gesteckt", beruhigte Walter sie sofort und setzte sich auf die Bettkante. Zärtlich, traurig und unsicher sah sie auf Vivi hinunter und wiederholte: „Wie geht's dir?"

Vivi, Bettdecke bis zum Kinn, sagte vor sich hin: „Geht so."

Verlegen zeigte sie die Blumen vor: „Hier, für dich."

„Danke." Mehr sagte Vivi dazu nicht, und sie sah auch nicht auf.

„Vivi", fing Walter an und schluckte. „Ich wollte dir sagen, dass es mir Leid tut, ich ..." Wieder schluckte sie.

Endlich sah Vivi auf, erstaunt geradezu. „Du brauchst dich nicht zu entschuldigen", wehrte sie fast erschrocken ab.

Klar, so weich und, ja, überhaupt nicht mehr mächtig und stark, so hatte man Walter nie gesehen. So würde sie auch nie jemand sehen. Außer Vivi. „Doch!" brachte sie noch raus. Und dann brach sie, die große Walter, Boss der Station B der Justizstrafvollzugsanstalt Reutlitz, in Tränen aus und schluchzte: „Ich fühl mich total beschissen ..." Verschämt wandte sie sich ab. „Weißt du, ich hab gedacht, das ist so 'ne kleine Sache oder so, ich meine, wenn ich gewusst hätte ..."

„Schon gut!" unterbrach Vivi mit merkwürdigem Nachdruck.

Es ist ja auch blöd, den trösten zu müssen, der mitgeholfen hat, einen in die Scheiße zu reiten. Walter war auch nicht getröstet, kein bisschen. Sie wandte sich Vivi zu, die Tränen waren doch scheißegal. „Ich hätte es nie zulassen dürfen, verstehst du, ich ..."

„Weißt du, was ganz komisch ist?" fragte Vivi leise und wollte sich aufsetzen, konzentriertes Gesicht, Schmerzen. Sofort half Walter ihr hoch und fragte schniefend: „Was denn?"

Ein kleines Lächeln stahl sich in Vivis blasses Gesicht. „Seit ich weiß, dass ich keine Kinder mehr bekommen kann, hab ich immer denselben Traum ..."

„Aha?“ schniefte Walter.

Das Lächeln wurde ganz sanft. „Dass wir beide zusammen ein Kind haben. Irgendwo im Grünen, mit Haus, und See, und es ist so schön …“

Was Vivi sagte und träumte, wie sie tröstete und verzieh und – man konnte es gar nicht auf einmal fassen, aber es warf einen beinahe um. Die Tränen stiegen wieder auf, sie konnte nichts dagegen tun.

Und Vivi lehnte vorsichtig die Stirn an. „Schöner als alles, was ich bisher gesehen habe.“

Und Walter wagte endlich, sie zu berühren, zögernd, unsicher, nur die Strähne aus dem Gesicht streichen.

Vivi lachte ein wenig: „Und ich war sogar schon mal in Italien.“ Als sei die Berührung selbstverständlich.

Walter lächelte unter Tränen. „Weißt du was?“ Schniefte noch ein paar Mal und hatte die Tränen im Griff. „Wenn du wieder auf dem Damm bist, dann hauen wir hier ab.“

Vivi zog den Kopf zurück, als fasse sie's nicht. „Bist du verrückt!?“

„Ganz im Gegenteil! Ich hab doch Zöllners Schlüssel. Mit dem kommen wir hier raus!“

Genau das war's doch! Dass sie nicht früher draufgekommen war. Glücklich nahm sie das süße, pausbackige, stupsnasige, ungläubige Gesicht in beide Hände, überwältigt, so eine überwältigende Wiedergutmachung anbieten zu können, und sah hingerissen in die strahlenden Augen.

„Und dann machen wir uns auf die Suche nach deinem Sohn – nach deinem kleinen Lukas!“

16

So glücklich war Walter noch nie gewesen. Wusste sie doch kaum, was Glück überhaupt ist. Größer sein, stärker sein, schneller sein, raffinierter sein, cooler sein – lauter Zeug, das mit Glück nicht viel zu tun hat. Damit hatte sie bloß echte Scheiße angerührt.

So klein war sie sich vorher noch nie vorgekommen, mickrig, schwach, dumm, saublöd. Und Vivi hatte verziehen. Restlos.

War das die echte Liebe? Oder ist echte Liebe vielleicht das, was einem so seltsam durchs Herz zieht, dass es weh tut?

Vivi aber lag auf der Krankenstation. Und da lag sie ziemlich lange. Draußen war Walter der Boss. Und ein Boss muss nun mal hart sein. So ist das Leben. Und das Leben geht einfach immer weiter.

Susanne, die liebe Susanne, verguckte sich zum Beispiel in Dr. Beck. Angefangen hatte alles mit Evelyns nächstem Vorstoß ins Gebiet des sogenannten humanen Strafvollzugs: die Liebeszellen-Episode. Die Liebeszellen wurden zuletzt dann doch nicht genehmigt, wär ja auch ein Wunder gewesen. Aber bei den Diskussionen um den ganzen Klimbim hatte Walter natürlich so manches Grundsätzliche zum Besten zu geben. Liebeszellen – das klang doch nach bloßer Äußerlichkeit. So ein Schwachsinn. Männer und Frauen? Da konnte man wahrhaftig froh sein, nichts damit zu tun zu haben.

„Sollen sich die Kerle doch selber einen runterholen. Wir Frauen brauchen keine Männer, sondern Frauen."

War zwar alt, aber Vivi hatte das doch gerade eben wieder mal schlagend bewiesen. Für Susanne schien's neu zu sein. „Den Traum vom Idealmann hab ich mir schon längstens abgeschminkt", gab sie zurück. „Aber mit Frauen – das kann ich mir irgendwie nicht vorstellen. Ich glaube, ich komme alleine ganz gut klar."

Höhnisch: „Sei dir da mal nicht so sicher. Das kann morgen ganz anders sein." Mit Schlafzimmerstimme, noch tiefer als sonst: „Falls du dir's mal anders überlegst – ich bin immer für dich da." Plötzlich drohend: „Aber verpass dein Verfallsdatum nicht! Sonst wachst du irgendwann nämlich auf und stellst fest, dass du alt und grau geworden bist." Zuletzt warnend: „Die Uhren im Knast ticken nämlich anders als draußen!" Mit dunklem Blick: „Hier drin alterst du verdammt schnell!"

So eine kleine Affäre zwischendurch wäre schließlich nicht die Welt. Trotz allem. *Das* Recht hatte sie schließlich von Anfang an eingefordert. Das war auch nicht plötzlich außer Kraft.

Susanne aber blieb bei den „Kerlen" und verguckte sich, wie gesagt, ausgerechnet in Dr. Beck. Denn der schaffte es tatsächlich, Susannes Töchterchen Nina zum adventlichen Mutter-Kind-Nachmittag zu schleppen. Nina hatte sich nämlich seit damals und bis dahin eisern dran gehalten, dass sie ihre Mami „nie, nie, nie mehr“ sehen wollte. Steckte natürlich der Schwiegerdrache dahinter. Und dann die rührende Versöhnung dank Beck. Eine kleine vaterlose Familie mit leuchtenden Augen. Fast schon ein Geschenk zum Fest der Liebe, das immer näher rückte. Säße man nicht gerade zufällig im Knast und hätte andere Sorgen, hätte man die Plätzchen längst gebacken haben müssen.

Schließlich hatte Susanne festgestellt, dass Beck nicht in sie, sondern in die Kaltenbach verguckt war. Wer das zuletzt kapierte, war Jeanette, die Putze. Die schnallte es erst, als Walter mit Ilse, der Scheckbetrügerin, einen Liebesbrief von Dr. Beck an Jeanette gefälscht hatte, der sie zu bestimmter Zeit an einen bestimmten Ort bestellte, wo sie stundenlang wartete, nur um sich den Arsch abzufrieren. Denn erstens hatte sie natürlich ein extra kurzes Röckchen an, zweitens war's inzwischen saukalt geworden.

Da hatte man endlich mal was zu lachen, gab ja sonst nicht viel. Und dass die Sache mit Susanne nicht geklappt hatte, war ganz gut. Es wäre irgendwie eine Gemeinheit gewesen, Vivi gegenüber. Die hätte das bestimmt rausgekriegt. Und das in ihrem Zustand. Obwohl – so ganz allmählich ging's ihr wieder besser.

Raus kam sie allerdings immer noch nicht. Stattdessen lief irgendeine Geschichte mit Martina. Walter kriegte nicht genau mit, was alles los war, jedenfalls tauchte plötzlich der

Mann des Babykillers auf, als Waschmaschinenmonteur getarnt. Musste aber ziemlich schief gegangen sein, denn anstatt mit ihm abzuhauen, ließ sie ihn alleine sausen, und zwar, wie man munkelte, für immer.

So ist es eben, das „Fest der Liebe". Nie gibt's so viele Ehescheidungen und nie bringen sich so viele Leute um, wie gerade zur lieben Weihnachtszeit.

Trotzdem kroch einigen der kalte Schreck übern Rücken, als man harmlos aus dem Haus trat, Hofgang, und sah, wie drüben ein Sarg abgeholt wurde. Der Schreck dauerte aber bloß kurz. Nein, nicht Zöllner. Zwar lag noch kein Schnee, aber der Boden war steinhart. Zum Glück nur eine Frau aus Station D, keiner kannte sie. War also völlig harmlos. Dachte Walter jedenfalls.

Es fing damit an, dass Susanne für den Heiligen Abend ein Krippenspiel vorschlug und die Genehmigung der Kaltenbach bekam. Die Frau Lehrerin machte *immer* so reizende Vorschläge.

Uschis Mannschaft war Feuer und Flamme. Walters Mannschaft fand's zum Kotzen. Walter selber auch. Der Mutter-Kind-Nachmittag war ja auch so was. Und was war daraus geworden? Eben.

Zumal Vivi endlich wieder gesund war, wenn auch noch lange nicht munter, im Gegenteil, in der ersten gemeinsamen Nacht seit Wochen hatte sie sogar von Selbstmord gefaselt. Was bei ihr garantiert nicht mit Heilig Abend und so 'nem Quatsch zusammenhing, denn das ganze Gerede vom lieben Jesulein in der Krippe brachte sie fast um. „Baby" war eben ein Wort, das sie voll in die Weichteile traf. Trotzdem bot Susanne ausgerechnet ihr die Rolle der Maria an. Das war schon ein ziemlich dicker Patzer.

Aber dann standen Susanne und der Babykiller, natürlich genau diese beiden, plötzlich vor der Zelle. Vivi lag drin und ruhte sich aus, Walter war extra rausgegangen, um nicht zu stören. Und diese beiden wollten einfach reingehen, wie in all die anderen Zellen, die sie schon abgeklappert hatte, weiß der Henker wozu, Krippenspiel wahrscheinlich.

„He, nicht klopfen!“ rief sie den beiden vom Aquarium aus zu. „Vivi braucht Ruhe.“ Dann trat sie der Sache ein wenig näher. Vielleicht ging's ja doch nicht ums Krippenspiel. „Was wollt ihr?“

Martina wollte erklären: „Ich will nur fragen, ob …“ Wurde von Susanne aber heftig zurückgehalten, als wolle die was verhindern, schaffte es aber nicht, denn Martina fuhr fort, als traue sie sich nicht, vor Walter Theater zu spielen: „… ob ihr das Baby habt.“

„Das Baby!“ Walter grinste verblüfft.

„Ja“, nickte Martina ernsthaft, „das in meiner Zelle war.“

Schwerer Spott: „Das Baby, das in deiner Zelle war.“

Martina duckte sich zwar, blieb aber dabei. „Genau.“

Ob Susanne den gleichen Schaden hatte? Also fragte Walter sehr ruhig: „*Du* suchst das auch?“

Die sagte aber lieber nichts, sondern deutete sanft an, dass der Babykiller ein Rad ab hatte.

Ernsthaft wandte Walter sich wieder Martina zu. „Gut möglich, dass das bei uns ist. Ich müsst mal nachsehen.“

Die blöde Kuh machte sich tatsächlich Hoffnungen.

Noch ernsthafter: „Wir haben nämlich dauernd die Bude voll mit Babys. Ein richtiger Kindergarten. Und weißt du, warum? Weil ich die böse Hexe bin! Ich mäste die Kleinen, und dann werden sie im Ofen gebacken! Es gibt keinen besseren Festtagsschmaus!" Plötzlich laut: „Ihr tickt wohl nicht mehr richtig! Ein Baby! Haut bloß ab!" Da rannten sie schon, wie gescheuchte Gänse.

So was Bescheuertes musste sie Vivi sofort erzählen. Der Baldachin war zugezogen.

Leise: „Vivi?"

Antwort aus der Nasszelle: „Ich bin hier."

Lachend erzählte sie los: „Ich denk, ich hör nicht recht. Weißt du, was Susanne und Martina im Moment ernsthaft suchen?" Zog den Baldachin zur Seite und sank fassungslos auf die Bettkante: „Ein Baby!" Mit etwas anderer Betonung als geplant, klar.

Vivi platzte fast – vor Mutterglück!

Sehr sachlich: „Du hast es aus Martinas Zelle?"

„Ich konnte das Kleine doch nicht bei ihr lassen!" erklärte Vivi. „So ein Babykiller hätte es doch sofort umgebracht." Als sei damit alles erklärt.

Schon das Wort Baby traf die Weichteile, aber ein echtes Baby – scheiße. „Na klasse! Wenn sie es umgebracht hätte, wär es *ihr* Problem. Warum hast du's nicht wenigstens gleich gemeldet?"

Empört gab Vivi zurück: „Wie kannst du so was sagen! Jetzt sind wir eine richtige Familie!"

Ausgerastet, wie befürchtet. „Familie?" Schließlich war

man trotz allem immer noch im Knast. „Wie stellst du dir das vor? Papi geht morgens zur Arbeit in die Wäscherei, während Mami hier im Nest die Brut aufzieht? Heimlich natürlich, damit die doofen Schlusen nichts davon mitkriegen. Und wenn wir dann entlassen werden, nehmen wir den Knaben an der Hand und zeigen ihm den Rest der Welt."

In diesem spannenden Augenblick musste das Kleine natürlich aufwachen und losgreinen.

Sofort nahm Vivi es hoch: „Pssst, ganz ruhig, mein Engelchen." Und zu Walter, wie Mami zu Papi: „Da siehst du, was du angerichtet hast!"

Wenn sie *so* war, half Härte gar nichts mehr, das hatten wir schon mal, und das war wirklich scheiße gelaufen. Also gut zureden: „Vivi, so geht das nicht. Wir müssen das Baby der Kaltenbach übergeben."

Erschrocken drückte Vivi das Kind an sich und bat mit dieser verflucht traurigen Stimme: „Das kannst du mir nicht antun. Bitte, lass es mir."

„Vivi, sei vernünftig ..." Aber Vernunft half natürlich auch nichts mehr, hatten wir auch schon mal.

„Bitte, Walter", flehte Vivi, mit zitternder Unterlippe. „Muss ich denn immer wieder das gleiche erleben? Und jetzt kann ich doch nie wieder eines bekommen. Lass mir's, bitte!"

Daran hätte sie nicht erinnern müssen. Tröstend legte sie den Arm um Vivis Schulter, brummte: „Ich weiß ja, wie dir zumute ist." Und erklärte ratlos: „Aber wie sollen wir das denn machen? Wenn der Babykiller den Kleinen irgendwo geklaut hat, werden die doch nach ihm suchen!"

Aber Vivi bettelte weiter, mit dieser verwünschten Stimme: „Bloß ein paar Tage, bitte."

Ein Unmensch, wer das abgeschlagen hätte. Nach allem. Vivi sollte ihr Christkind behalten dürfen. Ein paar Tage? Okay. So lange könnte es gut gehen, irgendwie.

Ging aber nicht. Wie auch?

Zuerst aber stellte sich raus, wie es überhaupt soweit hatte kommen können. Schließlich war es ja Susanne gewesen, die mit Martina vor der Zelle aufgekreuzt war. Und Susanne, zur Rede gestellt, erzählte bereitwillig, Martina habe behauptet, in der Gärtnerei ein Baby gefunden zu haben, habe es in einem großen Korb voller Weihnachtsgestecke in die Zelle geschmuggelt und aufs Bett gelegt, dann sei sie zu ihr, Susanne, gekommen, um es ihr zu zeigen. Wo das Baby hätte liegen sollen, sei aber nur eine Kuhle in der Bettdecke gewesen. Martina habe sich das alles nur ausgedacht, vielleicht weil Weihnachten vor der Tür steht und sie solche Sehnsucht nach ihrem Kind bekommen hat, was sie, Susanne, gut verstehen könne, schließlich sei dieses Weihnachten das erste, das sie nicht mit den Kindern verbringen könne, nicht einmal zu Besuch kämen sie, weil sie mit Schwiegermutter Marlies in Skiurlaub fahren würden, was gewiss schön für die beiden sei, sie müsse Marlies eigentlich dankbar sein, schaffe das aber nicht …

Was Walter in diesem Augenblick gar nicht wissen wollte. Dass Susanne sich bloß einbildete, dass Martina sich das Baby eingebildet hatte, brauchte man ihr ja nicht unbedingt unter die Nase reiben.

Nur brachte sie das dummerweise selber raus. Denn als Walter zu Vivi zurückkam, stand Susanne schon an der offenen Tür, Auge in Auge mit Vivi. Man hätte nicht sagen können, wer mehr erschrocken war, Susanne oder Vivi – oder Walter.

Susanne reinschieben und Tür zu! Mehr war nicht mehr zu machen.

Und Susanne kapierte. „Also ist Martina *doch* nicht verrückt!"

„Halt bloß die Klappe" drohte Walter. „Sonst kannst du was erleben!"

„Aber ich habe gestern schon mit Dahnke über die Geschichte gesprochen."

So blöd war sonst doch nicht mal Susanne. „Wieso das denn?" fragte Walter, ehrlich erstaunt.

„Ich dachte, dass Martina Hilfe braucht. Ich konnte ja nicht ahnen, dass ..." Aber der Lautsprecher rief sie zur Gefängnisleitung. Ausgerechnet jetzt.

„Bitte, erzähl nichts!" flehte Vivi. „Ich hab es so lieb! Sie *dürfen* es mir nicht wegnehmen!"

Susanne und lügen? Diese zarte Seele kannte man ja. Also packte Walter zu, ehe sie aus der Zelle schlüpfen konnte, und redete Klartext: „Wenn du singst, bist du dran, klar?" Bitte *und* Drohung, das müsste die richtige Mischung sein.

Aber als Walter im Gruppenraum Babykram zusammensuchte – Küchentücher als Windeln, Milch und all so'n Zeug –, musste Jeanette natürlich protestieren: „Du kannst doch nicht die ganzen Sachen wegnehmen! Die gehören zur Küchenausstattung! Und *ich* bin dafür verantwortlich!"

„Ich brauche das selber!" Schon doof, wenn einem ausgerechnet so was einfällt.

Prompt sahen Katrin und Dagmar hoch, vom Backgammon, Uschi und Lollo ebenfalls, aber von den Kostümarbeiten fürs Krippenspiel.

„Ich brauch die Sachen für ein Weihnachtsgeschenk, klar?" Ziemlich schwache Erklärung, zugegeben.

Dagmar und Katrin grinsten sich schief. „Was soll das denn werden? Eine japanische Matratze vielleicht?" stichelte Dagmar. Auch die andere Seite hielt ihr Maul nicht. Lollo spottete: „Oder eine Tagesdecke? Die wird aber scheußlich!" Die schnieke gekleidete Jeanette warf lachend ein: „Hatte Walter jemals Stil?" Den Gipfel schoss Katrin ab: „Nein, aber bei *dem* Bedarf an warmer Milch, Handtüchern und Creme tippe ich auf was ganz anderes: Walter schenkt Vivi eine komplette Babyausstattung!" Worüber sich Lollo prompt empörte: „Das ist echt geschmacklos, Katrin!"

Die dachten natürlich an Vergewaltigung, Abtreibung und die Folgen.

Nur Uschi hielt sich raus, sah aber irgendwie nachdenklich aus, und wenn Uschi nachdachte, konnte man sich auf einiges gefasst machen. Bloß kam Uschi nicht dazu, ihre Gedanken zu äußern, weil Ilse hereinstürmte, und der hatte man schon immer von Weitem angesehen, wenn sie was Tolles weitertratschen konnte. „Stellt euch vor, die Schlusen haben die Station E umgekrempelt. Und wisst ihr, was sie suchen? Ein Baby!"

Dagmar kicherte. „Was ist das denn für ein Blödsinn? Dir

ist wohl die Story von der unbefleckten Empfängnis zu Kopf gestiegen!"

Was Ilse natürlich nicht auf sich sitzen lassen konnte. „Das ist kein Blödsinn. Die Türkin, die auf Station D gestorben ist, hat heimlich in der Gärtnerei ein Kind zur Welt gebracht." Echt erschüttert: „Schicksale gibt es! Das wäre mal wieder was für die Zeitung!"

Ilses Auftauchen war nicht mal unpraktisch. Bei dem ganzen Wirbel konnte man sich bestens verdrücken. Aber an der Tür erreichte sie Uschis Ruf: „Hier geblieben, Walter!"

Harmlos: „Ist was?" Diesmal schaffte sie es aber einfach nicht, diesmal sah sie garantiert aus wie ein ertapptes Schulmädchen. Peinlich. Vor allem vor Uschi.

Die blieb ganz ruhig. „Lass uns mal eins und eins zusammenzählen. Susanne sagt, Martina würde nach einem Baby suchen, das sie angeblich gefunden hat. Das hat natürlich niemand Ernst genommen. Du raffst hier alle möglichen Sachen zusammen, die man gut als Windeln verwenden könnte. Und jetzt stellt sich raus, dass es tatsächlich eine Geburt im Knast gegeben hat."

Am besten: das Maul halten. Das aber ließ Uschi natürlich nicht zu, sondern fragte freundlich: „Hast du uns vielleicht was zu sagen?"

„Okay." Halb beschämt wegen der kleinen Niederlage, halb erfreut über die Bombe, die sie gleich hochgehen lassen würde, hockte Walter sich auf einen Stuhl. „Ich geb es zu – ich bin sozusagen Papa geworden!"

Toller Effekt, wie erwartet. „Was? Ein echtes Baby? Wo ist es?"

„Bei der Mutter natürlich. – Ich meine bei Vivi."

Sofort wollten alle losstürmen, um das Wunder zu betrachten. Das wenigstens konnte Walter verhindern.

Dagmar, dieses durchtriebene Aas, war die Erste, die einen vernünftigen Gedanken fasste. „Ihr seid doch nicht ganz dicht! Wenn das die Schlusen merken!"

Genau das war ja das Problem. Von Anfang an. Und jetzt hatte es sich auch noch verschärft. Jetzt wussten zu viele Bescheid.

Uschi dachte wohl dasselbe. „Was habt ihr euch bloß dabei gedacht? Wie soll das denn jetzt weiter gehen?"

„Wenn ich das wüsste", stöhnte Walter ehrlich. „Vivi ist verrückt nach dem Kleinen. Keine Ahnung, wie wir aus der Sache wieder rauskommen sollen."

Betretenes Schweigen.

„Ihr haltet alle die Schnauze, kapiert!" Das hätte nach Befehl klingen sollen, klang aber mehr nach Bitte. Für sich selber hätte Walter niemals gebeten, da hätte sie gefordert und gedroht. Für Vivi – das war was anderes.

Abwartendes Schweigen.

Klar, ohne Bezahlung geht beim Bitten nie irgendwas. „Zum Dank machen meine Mädels beim Krippenspiel mit."

Woraufhin Dagmar und Katrin sich natürlich aufregten. Uschi aber akzeptierte, der Handel war perfekt. Soweit alles gut.

Nur: wer stand bei Vivi in der Zelle, als Walter endlich mit dem Babyzeug aus dem Gruppenraum kam? Martina. Die hatte wohl was vom Handel mitgekriegt.

„Was *willst* du hier, Babykiller?“

Martina duckte sich, wie es sich gehört, antwortete aber fest: „Ich habe das Kind gesucht.“

„Bingo“, lobte Walter finster. „Und jetzt?“

Aber schon wieder unterbrach der verdammte Lautsprecher, genau wie bei Susanne. „Martina Tielmann, bitte melden Sie sich sofort bei der Gefängnisleitung.“

Susanne und Martina mussten sich doch beinah die Klinke in die Hand geben. Und wieder drohte Walter: „Wehe, du verpfeifst uns!“ Schob aber extra für Martina nach: „Dann leg ich dich um!“ Martina wusste schließlich genau, woher ihr der schärfste Wind ins Gesicht blies. Und falls sie's je vergessen haben sollte, müsste sie sich nur an die Ohrläppchen fassen.

Einigermaßen beruhigt konnte man sich also den Besuchern widmen. Denn nun kamen sie natürlich doch. Eine nach der anderen dufte eintreten, fast wie die Hirten in den Stall, und alle waren entzückt von dem „süßen Fratz“, wie die Bergdorfer österreichisch tönte. Als letzte kamen, offenbar wieder die besten Freundinnen, Susanne und der Babykiller. Hatten also die Klappe gehalten. Bravo.

„Das Kind kann nicht ewig hier versteckt werden!“ Meinte später die Bergdorfer und fügte hinzu: „Ich bin dafür, dass wir das jetzt melden!“

„Kommt nicht in Frage!“ stoppte Walter diesen Blödsinn sofort. „Jetzt sag ich euch mal, wie *ich* die Sache sehe. Seit Vivi das Kind hat, ist sie total aufgeblüht! Nach der Abtreibung hätte sie sich am liebsten umgebracht. Und deshalb behalten wir es, Punkt!“

So konnte der Heilige Abend in Ruhe herankommen, und mit ihm das Krippenspiel.

Hinterher erzählte Vivi, in Walters Armen, ehe sie unterm Baldachin in die Heilige Nacht schliefen: Susanne sei zu ihr gekommen und habe ihr erzählt, sie sei wegen dem Krippenspiel noch einmal zur Kaltenbach. Im Büro von Möhrchen sei ihr ein Mann entgegengekommen, ein Türke, der sich gerade von der Kaltenbach verabschiedet habe. Evelyn habe gesagt: „Herr Ercan, wir tun alles nur Mögliche! Aber ich fürchte, ich kann Ihnen nicht viel Hoffnung machen. Das Baby ist noch immer nicht gefunden worden. Tut mir sehr Leid." Susanne habe gefragt: „War das der Vater?" und Evelyn habe genickt. Schließlich hatten sie alle das Foto gesehen, das im Fernsehen von Yasemin gezeigt worden war, um Angehörige zu finden.

Das habe Susanne ihr zuerst erzählt. Dann habe sie gesagt: „Ich weiß, wie dir zumute ist. Aber du darfst nicht nur an dich denken. Dieser Mann hat seine große Liebe verloren, und nun muss er auch noch Angst um seinen Sohn haben. Lass ihn nicht länger leiden!" Und: „Ich habe ihn mir genau angesehen. Er war voller Schmerz. Und er strahlte etwas sehr Warmes aus. Er wird bestimmt ein guter Vater sein." Und: „Ich liebe meine Kinder auch. Deshalb bin ich froh, dass sie in Freiheit aufwachsen können. Auch wenn sie mir jede Minute fehlen. Du musst diesem Kind eine Chance geben." Und: „Du kannst dein Glück nicht auf dem Unglück anderer aufbauen. Du würdest doch dasselbe machen, was sie mit deinem Lukas gemacht haben. Das Kind den Eltern wegnehmen! Willst du das wirklich?" Und zuletzt: „Gib es frei!"

Dank Susannes Eingreifen ereignete sich dann das, was als „das Wunder von Reutlitz" noch wochenlang Gesprächsstoff lieferte.

Ercan, von der inzwischen eingeweihten Evelyn herbeigerufen, saß neben vielen anderen – Schlusen und Insassinnen aller Stationen – auf einem der Zuschauerstühle im Speisesaal. Die Bühne war taghell, sonst war's dunkel. Auf der Bühne standen alle, die beim Krippenspiel mitmachten, in den tollsten Verkleidungen, Lollo als Sünderin Magdalena gehörte sogar irgendwie nicht recht hierher, aber egal. Vivi hatte die Rolle der Maria doch noch übernommen, und Walter gab überzeugt einen überzeugenden Josef. Alle knieten um die Krippe rum und verdeckten die Sicht. Nur Susanne stand noch, der Verkündigungsengel. Und der Engel verkündete: „Das habt zum Zeichen – ihr werdet finden das Kind, in Windeln gewickelt und in einer Krippe liegen."

Dann sagen alle „Stille Nacht, heilige Nacht", und während des Gesangs rückten die Hirten, Könige und was sonst noch so alles dabei war, von der Krippe weg, Maria hob das Baby heraus und kam, begleitet und unterstützt von Josef, die Bühne runter und den Gang lang, trat vor Ercan hin und überreichte ihm das Christkind – seinen Sohn.

Schon wieder hatte Vivi ein Baby verloren.

Josef flüsterte rüber: „Du hast einen Wunsch frei."

Und Maria flüsterte zurück: „Ich will endlich *mein* Kind sehen –Lukas."

17

Versprochen ist versprochen.

Aber während die anderen ein paar Tage vor Silvester lustlos im Gruppenraum saßen und sich ausmalten, wie öde die Party wieder werden würde, und als Vivi leise fragte: „Wann hauen wir endlich ab?“ Da gab Walter zurück: „*So* einfach geht das nicht.“

Wie zum Beweis dröhnte der Alarm los. Sofort rannten alle in die Zellen. Da muss man sich nur zu zweit ans Fenster quetschen.

Gespenstisch. Die rennende Frau, die jagenden Schlusen, der suchende Lichtkegel, die dröhnende Sirene, über allem die eiserne Stimme des Geiers: „Bleiben Sie stehen und geben Sie auf! Jeder Ausbruchsversuch ist vollkommen zwecklos.“

Die Frau blickte sich panisch um, die Schlusen kreisten sie langsam ein, trotzdem schaffte sie es bis zur Schleuse.

Zwecklos. Die Schleuse war absolut unüberwindlich. Nach innen zum Hof eine hohe Stahlschiebetür, nach außen auf die Straße eine hohe Stahlschiebetür, dazwischen etwa zehn Meter Einfahrt und die Pförtnerloge. In der Loge konnte der

Pförtner sehen, was die Kameras draußen auf beiden Seiten aufnahmen. Kam's ihm verdächtig vor, brauchte er bloß nicht auf den Knopf drücken. Und wenn er nicht auf den Knopf drückte, bewegten sich die stählernen Stahltüren keinen Millimeter.

Die Schlusen packten die Frau, der Geier mit der Flüstertüte kam dazu und riss ihr die Vermummung vom Kopf. Aus der Traum.

Doch dann öffnete sich die Schleuse, Evelyn Kaltenbach betrat den Hof, schnappte die Tüte und sagte zu den Fenstern rauf: „Meine Damen, die Vorstellung ist zu Ende. Falls wir Sie mit unserer Übung beunruhigt haben, bitte ich Sie, die Aufregung zu entschuldigen."

„Siehst du jetzt ein, dass es keinen Sinn hat?" fragte Walter.

„Das war doch nur 'ne Übung", meinte Vivi eigensinnig. „Wenn man wirklich will, schafft man's auch."

Dass man die Bodenhaftung auch so vollkommen verlieren kann! Immer wieder träumte dieser Trotzkopf alle Tatsachen beiseite! „Bist du so blöd, oder willst du es immer noch nicht kapieren? An der Schleuse ist Endstation!"

„Du hast es mir versprochen", erinnerte Vivi nachdrücklich.

Versprochen ist versprochen. Aber das hier hatte doch wieder gezeigt, dass es unmöglich war. Sie hatte sich damals eben hinreißen lassen. Ohne Pförtner half Zöllners Schlüssel überhaupt nichts. Wie gesagt: Fehler zugeben war noch nie Walters Stärke gewesen. Also erwähnte sie den Schlüssel lieber gar nicht, sondern wich aus: „Vivi, wir kriegen *nur* Schwierigkeiten."

„Sag bloß“, spottete Vivi, „du machst ’nen Rückzieher, weil du die Hosen voll hast?“

Derlei durfte man nicht ungestraft sagen. Aber Vivi hatte schließlich Recht.

Und als der Wäschereifahrer zu Dahnke sagte, morgen, am Tag vor Silvester, wolle er früher Feierabend machen, und als Dahnke deshalb Walter dazu verdonnerte, die frische Wäsche am 30. Dezember schon gleich nach der Mittagspause bereitzustellen – da maulte sie zwar, weil das dazugehörte, um nicht aufzufallen. Andrerseits waren die Wagen mit der frischen Wäsche gegen den Schmutz wundervoll mit Tüchern verhängt. Bei nächster Gelegenheit nahm sie Vivi beiseite und raunte: „Ich hab ’ne Lösung für unser Problem gefunden.“

Beim Mittagessen hätte Vivi sich natürlich fast verplappert. Alle träumten von tollen Silvesterpartys, nicht von kommenden, sondern von verflossenen, bis Susanne die Idee hatte, den Geier um Verlängerung zu bitten: Zelleneinschluss nicht um zehn, sondern ausnahmsweise erst nach Mitternacht. Die Stimmung stieg. Sogar Dahnke kam rein und brüllte, ob's vielleicht *noch* lauter ginge, und als es endlich ruhig war, sagte Vivi, dieses Kind, Walter und sie würden gar nicht mitfeiern. Das konnte gerade noch so abgebogen werden.

Leider war Vivi nur innerlich ein Kind. Das bewies der Test mit dem Wäschewagen eindeutig. Und wenn schon Vivi Probleme hatte, hatte Walter erst recht welche.

„Ich hab gedacht“, entschied Walter, „das sei ’ne gute Idee. Wir müssen uns was Besseres einfallen lassen.“

Was Vivi natürlich nicht fassen wollte. „Du hast doch selbst gesagt, die Wäschewagen werden beim Rausfahren schon lange nicht mehr kontrolliert. Leichter geht's nicht!"

„Und wenn schon, was machen wir dann draußen? Wie geht's weiter?"

Das hatte schon ziemlich nach Absage geklungen. Nicht bloß der Plan mit dem Wagen, sondern überhaupt.

Aber Vivi hatte das Gott sei Dank überhört. Offenbar hörte sie nur noch rauskommen und Lukas finden. „Das ist 'ne einmalige Chance! Wenn wir *die* nicht nutzen, sind wir selber schuld!"

Womit sie irgendwie schon wieder Recht hatte. Dabei würde auch der zweite Programmpunkt – Lukas finden – kein Pappenstiel sein. War doch nicht mal die Kaltenbach durchgedrungen.

Aber versprochen ist versprochen. Also gab Walter dem unguten Gefühl eins aufs Haupt, Augen zu und durch. Und also schoben sie in der Mittagspause des 30. Dezembers die Wäschewagen wie befohlen durchs Lager zum Tor vor der Rampe. Irgendwie sah's zuletzt sogar ganz gut aus, wie Vivi sich zusammengeklappt hatte. Noch ein paar Wäschestücke drüber und fertig. Hätte nur noch ihr Gepäck reingehört.

Aber plötzlich wurden Stimmen laut. Dabei konnte die Mittagspause noch gar nicht vorbei sein. Es war aber bloß Silke Jacoby, die Katrin hereinließ. Wahrscheinlich war Katrin wieder bei diesem Seelenklempner Goran gewesen, bei dem sie neuerdings immer hockte, weiß der Teufel wozu.

Katrin gehörte zu Walters Gefolgschaft. Trotzdem ging sie's einen feuchten Dreck an. Und zack! verschwand auch

Walter in ihrem Wagen, hörte die Jacoby sagen, sie hole jetzt die anderen Frauen, hörte die freundliche Ermahnung, Katrin solle nicht wieder rauchen, das könne man nämlich riechen, hörte Katrin das brav versprechen, hörte die Jacoby rausgehen, hörte ein Feuerzeug klicken. Dann Stille.

Das nächste, was Walter hörte, war Katrins saftiger Hohn: „Suchst du vielleicht dein Reisegepäck?" Gleich drauf: „So 'nen schicken Schlafwagen kenn ich ja noch gar nicht!"

Für Katrin musste sie ausgesehen haben, wie der Geist, der sich aus Aladins Lampe erhebt. Langsam und unheilvoll kam Walter hinter Vivi hoch, Katrins Hohn vertrocknete zu einem ängstlichen „oh nein!", Katrin selbst zitterte und bebte, blieb aber stehen und rief ziemlich piepsig: „Wenn ihr mich nicht mitnehmt, lass ich euch hochgehen!"

Dazu brauchte Walter nur einen einzigen Sprung, schon hatte sie Katrin am Kragen. „Du miese Kröte! Ich könnte dich ..."

Piepsig, aber beharrlich: „Ich schrei das ganze Wachpersonal zusammen."

Der ganze Plan war beschissen, von Anfang an. Hatte sie doch gleich gesagt. „Okay." Sie ließ Katrin los. „Dann haut eben überhaupt keine ab." Vor allem sollte man aus dem Lager sein, bevor Silke zurück war. „Komm Vivi, lass uns die ganze Aktion abblasen. So hat das keinen Sinn. Zu dritt ist das Risiko viel zu groß."

„Was?" schrie Vivi los. „Das ist doch nicht dein Ernst? Willst du etwa wegen der da gleich aufgeben? Stopf ihr endlich das Maul!"

Wenn's um ihren *eigenen* Kram ging, vor allem um Kinder und Babys und so, war Vivi kein bisschen zimperlich, das hatte sie schon bei Martina bewiesen. Hier aber war's mit Maulstopfen nicht getan. Falls man nicht endgültig stopft, wie bei Zöllner. Aber das war die Sache gar nicht wert. „Vergiss es, Vivi, das Ding ist gelaufen."

Zu spät. Die Jacoby war zurück. Und die süße Susanne musste auch noch ins Lager glotzen und Vivi blöd anmachen, wo sie gewesen sei und so. Die Jacoby schaltete verdammt schnell und fragte, wie Vivi überhaupt reingekommen sei, den Job mit der Wäsche habe doch Walter allein erledigen sollen. Der übliche Mist eben.

Unüblich war bloß Katrin. „Nur keine Panik", lächelte sie niedlich, während sie mit dem Absatz Vivis Kleiderpaket unter den Wagen bugsierte. „Vivi hat Walter nur beim Wäschetransport geholfen."

Womit die Jacoby sich zufrieden gab. Die Mauer des Schweigens stand, wozu sich sinnlos den Kopf anschlagen? So was machte bloß die Kaltenbach. Und die Jacoby war nicht bloß nett, die war auch nicht blöd.

Vivi auch nicht. Aber ein Urbild von Weib. Und Weiber finden sich mit Fakten halt nicht ab. Währen der Arbeit hatte Walter sie noch knapp bremsen können, nach Feierabend aber, zurück in der Zelle, da tobte Vivi gegen alles, was ihr in die Quere kam.

Dabei lag Walter längst im Bett. Nach so einem Misserfolg war Schlaf schon immer das beste Mittel gewesen. Und gegen Vivi half nur noch ein grober Klotz. Also knurrte sie: „Zu dritt *haben* wir keine Chance, kapier das endlich! Und jetzt lass mich schlafen!“

Pustekuchen. Vivi riss den Schrank auf, wühlte rum, brachte Zöllners Schlüssel zum Vorschein und rief triumphierend: „Daran hast du wohl gar nicht mehr gedacht!“

Von wegen. Sie hatte nur die ganze Zeit gehofft, *Vivi* würde nicht mehr dran denken. Mit dem Schlüssel, hatte sie damals behauptet, sei alles kein Problem. Ein Fehler. Den hätte sie besser gleich zugegeben. Inzwischen würd's nach Ausrede stinken. Als hätte sie, ausgerechnet nach der Abtreibung und dem ganzen Mist, bloß ein großes Maul gehabt. Das *hatte* sie nicht gehabt. Im Gegenteil. Gerade deshalb hatte sie ja nicht an alles gedacht. Verständlich. Jetzt aber irgendwie fehl am Platz.

Und Walter stöhnte: „Die Schlüssel helfen uns auch nicht viel weiter. Hast du die Übung vergessen? An der Schleuse ist der schöne Traum zu Ende.“

Vivi wurde richtig gehässig. „So hältst du also dein Versprechen!? Wenn du zu feig bist, dann hau ich eben allein ab!“

„Drehst du jetzt vollkommen durch!?“ blaffte Walter. „Alleine schaffst du es nie!“

Trotzig: „Werden wir ja sehen!“

„Ach, mach doch, was du willst.“ Damit zog Walter die Decke übern Kopf.

Schade, dass man Bettdecken beim Frühstück nicht drauflassen kann. Der Gänsestall schnatterte: striktes Alkoholverbot für alle, hatte die Kaltenbach vor ihrem Skiurlaub mit Beck als Befehl hinterlassen. Zelleneinschluss eine halbe

Stunde vor Mitternacht, hatte der Geier aus echter Gemeinheit angeordnet. Alle gickelten bei der Vorstellung, wie sie sich trotzdem mit Ilses Zeug vollaufen lassen würden, weil der Geier mit seiner Schnapsnase sich garantiert auch nicht an das Verbot der Kaltenbach halten würde.

Da stieß Vivi Walter in die Seite und raunte: „Wir machen's heut Nacht. Das ist *die* Gelegenheit. Wenn die Schlusen erst richtig blau sind, kriegen die doch überhaupt nichts mehr mit."

Vor lauter Lukas vergaß die wohl die einfachsten Regeln. „Quatsch gefälligst nicht vor den anderen, und schlag dir die ganze Sache endgültig aus dem Kopf."

Und Vivi quatschte nicht mehr. Vivi sagte überhaupt nichts mehr. War ja auch Zeit.

Die Silvesterparty würde man also genießen können, wie man so eine lahme Scheiße überhaupt genießen kann. Genau wie die abgefuckten Berliner, die der Geier spendiert hatte. Wenigstens hatte Ilse genug von ihrem Zeug angesetzt. Aber sonst – ein öder Haufen, wie erwartet.

Bis Lollo mit ihrem Striptease anfing. Nur Vivi war dagegen. Dabei war Lollo doch keine echte Konkurrenz. Aber wenn die ihren Body schon mal vorzeigte, musste man ja nicht unbedingt wegschauen. „Wo willst du denn hin? Du verpasst ja noch das Beste!"

Aber Vivi sagte: „Ich komm doch gleich wieder."

Was sie aber nicht tat. Verdammt lang nicht tat. Lollo musste ihren Body eben ohne fachkundiges Publikum vorzeigen. Obwohl Lollos runde Schulter über der üppigen Oberweite nicht schlecht aus der Bluse kam. Man muss es ja nicht unbedingt übertreiben. Vivi war wegen der geplatzten Flucht schon gestresst genug.

Wahrscheinlich lag sie deshalb im Bett und schlief oder was? Vorsichtig zog sie die Decke zurück – statt Vivis Kopf kam Vivis Teddy zum Vorschein. Riss die Decke vollends weg: statt Vivis Körper eine zerknüllte Wolldecke. Knapper Blick in der Schrank: Zöllners Schlüssel nicht mehr da. Stürzte ans Fenster –

Vivi, tatsächlich Vivi, hastig durch die Zaunschleuse, sah zum Wachturm hoch, besser hätte sie zu den Fenstern hochgesehen, dann hätte sie das Winken bemerkt, geduckt weiter, wenigstens nicht zur Schleuse, sondern zur Verwaltung.

Da gab's nur eins.

Und das traf Silke und Dahnke. Die hockten im Aquarium und hörten Radio. Der Moderator sagte gerade: „Der Countdown läuft. Fünfundvierzig, um genau zu sein, sogar nur vierundvierzig Minuten und ein paar Sekunden trennen uns noch vom neuen Jahr."

Was Dahnke noch vom großen Bums trennte, war weitaus weniger. Denn Walter krümmte sich in gekonntem Bauchweh, jammerte irgendwas von Berlinern, Krankenstation und Blinddarm, was die gute Silke leider ziemlich ernst nahm, weswegen sie Dahnke mit Walter losschickte, und das war sein Pech. Die Krankenstation lag nämlich im Verwaltungstrakt.

Dass er Walter erlaubte, sich auf seine Schulter zu stützen, war sein Ende. Er hatte gerade noch Zeit, den Schlüssel ins

Schloss zu stecken, da nahm sie ihn sanft im Genick und donnerte sein Gesicht gegen die Stäbe, einmal, bloß ein einziges Mal. Wozu machte sie schließlich Bodybuilding?

Den weiteren Weg setzte die plötzlich gesundete und erstaunlich gewandete Walter in Dahnkes Uniform und mit Hilfe von Dahnkes Schlüssel fort. Leise betrat sie den Umkleideraum der weiblichen Schlusen, bog um die Ecke und wäre beinah niedergestochen worden.

„Du!?“ fragte Vivi, ließ den Schraubenzieher sinken und starrte sie an wie einen Geist.

Okay, Dahnke war zwar groß genug, aber ziemlich schmal, die Uniform saß nicht besonders. Vivi in ihrer Uniform sah dagegen richtig schick aus. Trotzdem ein blöde Frage. „Wen hast *du* denn erwartet? Glaubst du, ich lass dich hängen?“

Zugegeben, die Sache hatte auch ihre komischen Seiten. Das dicke Ende stand aber erst noch bevor, soviel war klar.

In den Hof zu kommen, war kein Problem. Dort ein Versteck zu finden, auch nicht. So ein kleiner Kasten, Geräteschuppen, Streumaterial, weiß der Teufel, war ja auch scheißegal.

Weiter ging's aber nicht. Die Schleuse.

„Versteck dich erst mal hier und überlass mir den Rest“, flüsterte sie Vivi zu. „Ich geh als Dahnke zur Sprechanlage und sag dem Pförtner, er soll die Schleuse öffnen.“

„Bist du verrückt!?“ Vivi wurde fast laut. „Der erkennt dich doch durch die Kamera!“

„Hast du vielleicht 'nen besseren Vorschlag?“

Hatte sie natürlich nicht. Woher auch? War einfach abgehauen und hatte gehofft. Worauf eigentlich? Auf ein Wunder?

Wunder gibt es immer wieder, trotzdem sind sie verdammt selten. Erst neulich hatten sie ja eins gehabt, das Wunder von Reutlitz, das echte Jesulein in der Krippe. Noch mal ein Wunder wäre ein Wunder.

Aber genau dieses doppelte Wunder geschah. In Form der grölend auf den Hof strömenden Schlusenbande – ohne Dahnke natürlich, der schlummerte in seiner grauen Flanellunterwäsche vor der Krankenstation, wo man mit so einer blutigen Nase auch hingehört.

Silke und der schmierige Kittler brachten Raketen, Jutta leere Sektflaschen als Abschussrampen, ansonsten volle Gläser, volle Flaschen, volle Schlusen. Jutta nuschelte zur Schnoor rüber: „Birgit, sag dem Pförtner Bescheid, dass wir gleich zusammen anstoßen, hicks!“

Als Pförtner hätte sich das ja wohl keiner zweimal sagen lassen. Noch bevor Birgit dort war, öffnete sich mit schwerem metallenem Quietschen das Schleusentor, der Pförtner erschien, er ging sogar direkt am Versteck vorbei. „Ich hab schon gedacht, ihr habt mich vollkommen vergessen!“

Wenn der gewusst hätte, wer schon die ganze Zeit ganz dringend an ihn gedacht hatte!

„Los, Vivi! Renn so schnell du kannst.“

Vivi lächelte. „Lass mich nicht wieder so lange warten.“ Und startete durch.

Von drüben, von den besoffenen Schlusen, hörte man in diesem Augenblick die Stimme der Schnoor: „Ich verstehe nicht, wo Horst bleibt.“

Wieder mal rettete die nette Silke. Hatte auch schon einiges hinter der Binde. „Das passt doch zu Horst, der kommt nicht nur ständig zu spät zum Dienst, der kommt auch gleich zu spät ins neue Jahr."

Walter startete. Jetzt oder nie. Noch zwei Meter, da hörte sie von hinten Kittler: „Da *ist* doch Horst!"

„Horst!" kam von hinten Silkes Stimme. „Es sind doch schon alle da!" Dachte wohl, der gute Horsti wolle den Pförtner holen, oder was?

Seltsam, dass dieser Horsti gar nicht reagierte. Der hatte keine Zeit, das Tor schloss sich nämlich wieder.

Gerade beugten sie sich über die verfluchte Schalttafel mit den hundert Knöpfen, da dröhnte der Alarm los. Horsti war aufgewacht.

„Worauf wartest du?" kreischte Vivi. „Mach endlich das Tor auf!"

„Verdammt!" schrie Walter zurück. „Ich weiß doch gar nicht welcher Knopf!"

„Tu doch was!" jammerte Vivi. „Oder sollen sie uns jetzt noch kriegen, wo wir schon fast draußen sind ..."

„Du machst mich nervös", knurrte Walter. Und drückte auf einen Knopf.

Schweres metallenes Quietschen. Das Tor zur Straße rührte sich aber kein bisschen. Ahnungsvolles Köpfedrehen – ach du grüne Kotze! Das Tor zum Hof ging auf, und die besoffenen Schlusen glotzen rüber wie vom Schlag gerührt.

Der Geier rief: „Jetzt treibst du's aber zu weit, Horst!"

Und Vivi rief: „Schnell! Wieder zu! Du hast den falschen Knopf erwischt!"

„Weil du mich mit deinem hysterischen Gekreische völlig durcheinander bringst!“ Damit drückte sie den Knopf noch einmal, das Tor schloss sich wieder, ekelhaft langsam.

Drückte den nächste Knopf – der Alarm verstummte.

Drückte den nächsten Knopf – schweres metallenes Quietschen, und langsam, aber ganz wunderbar unaufhaltsam, ging das Tor zur Straße auf.

Wenn das kein Grund zur Umarmung ist!

Vivi jubelte direkt am Ohr: „Wir haben's geschafft, Walter! Wir sind frei! Ich glaub, ich träume!“

Walter lachte bloß gemütlich. „Das Auto hab ich uns auch schon besorgt.“ Klingelte vor Vivis strahlenden Augen mit einem Schlüsselbund und meinte wegwerfend: „Der Pförtner hat bestimmt nichts dagegen.“

Hinter ihnen wummerten Fäuste gegen das Tor. Horsti war inzwischen wohl eingetroffen. Die hatten garantiert nicht schlecht geglotzt. Die Flanellunterwäsche war ja auch zum Piepen. Schade eigentlich, dass man nicht zugucken konnte.

Obwohl – draußen sein war besser. Deswegen sollte man so allmählich dran denken, sich aus dem Staub zu machen.

Und das taten sie denn auch, langsam und feierlich.

Nur das Gebrüll des Geiers störte. „Wir kriegen euch! Darauf könnt ihr euch verlassen!“ Auf so'n Quatsch gibt's bloß Stinkefinger und höhnische Lache: „Von wegen, Geier! Uns siehst du nie wieder!“

Von allen Kirchtürmen fingen die Glocken an zu läuten, überall zischten Raketen in den Himmel und zerplatzten in tausend funkelnde Sterne, an jeder Ecke wurde Salut geschossen.

Andächtig traten sie hinaus, Walter und Vivi, Hand in Hand, vor das Tor, auf die Straße, ins neue Jahr, in die Freiheit –

18

Der Schlag aber traf Jutta, was nicht zu übersehen und auch nicht anders zu erwarten war, erst am darauf folgenden Abend.

Aber nur, weil Walter sich geirrt hatte. Der Stinkefinger wurde zwar aufrecht gehalten, das andere musste dafür aus Vernunftgründen leider zurückgenommen werden.

Wegen der absolut beschissenen Nacht im Auto und anderem. Ein Neujahrsmorgen ohne Kater kann ja ganz nett sein, aber nicht mit Arschkälte und verbogenen Knochen.

Einfach Motor laufen lassen und warm machen – blöde Idee, wenn man Benzin sparen muss und keine müde Mark in der Tasche hat. Womit heißer Kaffee und Marmeladenbrötchen ebenfalls entfallen.

Als nächstes gab die Batterie den Geist auf, der war's wohl auch zu kalt, die Karre lief nicht an. Scheiß Pförtnerjob, der brachte garantiert nicht viel, sonst wäre eine neue Batterie kein Problem.

Ab in der Süden wäre am besten gewesen, klar. Wäre! Denn Vivi war nun mal, wie sich längst gezeigt hatte, ziemlich stur, also kam sie wieder daher mit so Zeug wie: sie seien doch bloß wegen Lukas abgehauen, und dabei bleibe sie auch.

Also raus in die Affenkälte, Uniformmäntel gewendet, man will ja nicht ausgerechnet für Reutlitz Reklame laufen, wenn man bloß eine Telefonzelle sucht – und zuerst die Morgenzeitung findet. Was prangte da gleich vorn auf der Titelseite? Gute Fotos von zwei lieben netten Mädels. Der Text behauptete natürlich was anderes, extrem gefährlich und noch so'n paar geile Sachen. Und zehntausend Mäuse sollten sie wert sein. Könnte man richtig stolz werden. Wenn's nicht so brandgefährlich wäre, mit so einer Öffentlichkeitsarbeit beschenkt durch die Straßen zu laufen.

Wenigstens war kein Schwein unterwegs. Neujahrsmorgen eben. Die waren noch alle besoffen. Hatten's dafür aber warm. Und wenn sie aufstehen, haben sie sogar was Heißes zu trinken und, vor allem, was zu futtern.

Wer hat gesagt, dass man mit leerem Magen besser denkt? Wahrscheinlich irgend so'n Depp, der nie Hunger hatte. Was dran sein muss aber doch, denn plötzlich zeigte sich eine kleine Idee, nein, ein Riesending, da ging nicht bloß eine Tranfunzel auf, das war ein ausgewachsener Kronleuchter.

„Ich glaub, ich weiß ein Plätzchen, wo uns keine Sau suchen wird."

Vivi hielt sie garantiert für total bescheuert, kramte aus dem Telefonbuch natürlich zuerst die Adresse der Adoptionsvermittlung. Immerhin wusste sie, wegen der Anfrage der Kaltenbach damals, wo man für so Zeug überhaupt hingehen muss. Dann erst kam sie mit Juttas Adresse rüber.

Trotzdem hätte sie einem beinah Leid tun können. So einen Drachen als Mutter wünscht man nicht mal seinem ärgsten Feind.

Der Drachen war rasch eingelullt. Dem spielten sie Kolleginnen von Jutta vor, Wohnung abgebrannt, glaubt nach Silvester jeder. Sogar der Drache. Sogar noch als Jutta längst wieder da war. Denn Jutta hielt das Maul. Wenn auch nicht ganz freiwillig.

Als sie mit zwei schweren Einkaufstüten zur Wohnung reinkam, garantiert nach einem aufreibenden Tag – das Verhör von der Kaltenbach musste verdammt kompliziert gewesen sein! –, rollte ihre Mutter ihr entgegen, die feine Oma Elisabeth saß nämlich im Rollstuhl, und begrüßte sie mit den wohlgesetzten Worten: „Da bist du ja endlich!"

Drin, wo Walter und Vivi am herrlich gedeckten Kaffeetisch längst genug gefuttert hatten, konnte man Juttas erstaunte Frage hören: „Hast du Besuch?"

„*Du* hast Besuch", gab die Alte charmant zurück. „Zwei Kolleginnen von dir. Ganz reizende Damen. Warum lerne ich die erst jetzt kennen?"

Und dann traf Jutta, wie gesagt, der Schlag.

Als sie den Mantel aufhängen wollte, musste Walter natürlich ein wenig helfen, wer weiß, auf was für ungeschickte Gedanken der Geier sonst gekommen wäre.

„Wir hätten uns natürlich anmelden sollen, aber wir wussten uns keinen anderen Rat."

„Habt ihr meine Mutter als Geisel?"

„Aber, aber", säuselte Walter und deutete ins offene Wohnzimmer, wo Vivi gerade artig zwei Stück Zucker in Omas

Tasse fallen ließ. „Sieht *so* eine Geiselnahme aus? Wir wollen deine alte Dame doch nicht erschrecken!"

Bissig: „Du glaubst doch nicht im Ernst, dass ich bei diesem Spielchen mitmache?" Damit ging Jutta ans Telefon, hob ab und wählte.

„Doch", antwortete Walter und rührte sich nicht. „Aber ruf die Bullen ruhig. Wir setzen uns hier gemütlich zusammen bei einer Tasse Tee und erzählen gemeinsam die Story von unserer Flucht. Und wenn du dazu noch einen Schnaps aus deinem Flachmann spendierst, lockert das auch gleich die Stimmung, wie an Silvester: die vollgetankte Gefängnisdirektorin, Pardon, stellvertretende Direktorin, macht 'ne Fete mit Kollegen und Co, torkelt anschließend sturzbesoffen auf den Hof, schmeißt mit Knallfröschen um sich, während zwei ihrer gefährlichsten Häftlinge direkt an ihr vorbei die Fliege machen. Ist auch 'ne heiße Story für die Presse."

Aus dem Hörer: „Polizeinotruf ... Wer ist da? Sprechen Sie doch!"

„Lass sie nicht warten", riet Walter aufmunternd.

Klar, dass Jutta die Austaste drückte und das Telefon zurückhängte.

„Kluges Mädchen", konnte man da bloß sagen.

Damit gingen sie brav ins Wohnzimmer zurück, wo sie der Drachen mit den Worten empfing: „Deinen Kolleginnen ist nämlich ein furchtbares Missgeschick passiert ..."

Lässig warf Walter ein: „Wohnung abgebrannt."

„Das ist doch schrecklich, stell dir mal vor!" rief die Alte fast entzückt. Musste der's langweilig sein.

So jedenfalls kam's, dass sie eine wundervolle Nacht in Juttas Gästezimmer verbracht hatten, ehe sie am andern Morgen halfen, einen brechend vollen Frühstückstisch zu decken. Was das Herz begehrt, sogar wachsweiche Eier.

Das Schönste war, dass der Drache sein Küken, den Geier, ständig ermahnte, die Gäste zu bedienen, und die „Gäste" benahmen sich so lieb und fein, wie man sich's als Gastgeber nicht besser wünschen könnte.

Juttas Mutter sagte sogar: „Ich bin richtig froh, dass Sie noch ein paar Tage bleiben. So ein Wohnungsbrand ist auch ein ständiger Alptraum von mir, wir helfen gern, bis Ihre Wohnung renoviert ist, nicht wahr Jutta?"

„Sicher, Mutter", gab die brav zur Antwort.

Es hätte herrlich sein können. Hätte die Alte nicht ihre Tabletten vergessen gehabt und wäre in den Flur hinausgerollt.

Dass die Presse ab und zu echte Scheiße anrühren kann, weiß jeder. Aber nicht jeder erfährt's am eigenen Leib.

Denn was lag auf dem Schränkchen, in dem sich offenbar die verdammten Tabletten aufhielten? Die verdammte Morgenzeitung, wenn auch von gestern, grad deswegen mit guten Fotos von zwei netten Mädels drin. Dass die Alte irgendwas ausheckte, wäre nicht mal groß aufgefallen. Für jemand, der bloß Tablettenholen gegangen war, kam sie aber auffallend lange nicht zurück.

Siehe da, sie telefonierte! Und was sagte sie: „... die in Reutlitz ausgebrochen sind. Sie sind hier, bei mir. Die Adresse ist ..."

Da zog Vivi den Stecker.

Und damit war's aus mit Friede und wachsweichen Eiern.

Nachdem Walter lange, vor allem ausführlich berichtet hatte, sagte sie: „So, Oma, jetzt weißt du alles. Und erzähl uns bloß nicht, dass du keine Ahnung davon hattest, dass Töchterchen 'ne ausgewachsene Schnapsdrossel ist."

„Halten Sie den Mund", gab die Oma böse zurück. Das war das Letzte, was sie zu Walter oder Vivi sagte. Den Rest, und das war nicht wenig, wickelte sie über Jutta ab.

Denn die Alter war plötzlich ungefähr das Gegenteil einer netten feinen Oma, nämlich ein stocksteifer Besen mit verflixt groben Borsten. Im übrigen, Hut ab, denken konnte sie. Und organisieren erst!

„Das Wichtigste ist", sagte die Alte zu Jutta, die sich wie ein kleines Mädchen schämte, „dass du pünktlich bist und dir nichts anmerken lässt." Sah auf die Uhr und kommandierte: „Du musst gleich los. Dann stellt sich als nächstes die Frage, wie wir dieses Dreckspack hier loswerden. In *meiner* Wohnung bleiben die nicht!"

Jutta wollte sich lieb entschuldigen, aber die Alte bellte: „Also, was wollen die?"

Endlich konnte man mal Forderungen stellen, die auch erfüllt werden würden. Das war doch was ganz anderes als im Knast. Freiheit kann echt schön sein. Wenn man keinen Kohldampf hat oder sich den Arsch abfriert.

„Wir wollen Geld und andere Kleider!" forderte Walter knapp.

„Angenommen", kam prompt zurück. „Wir gehen auf diese Forderung ein. Hauptsache, die verschwinden."

„Darauf kannst du dich verlassen“, antwortete Walter, obwohl die Alte bloß noch mit Jutta redete, als seien sie und Vivi gar nicht dabei. „Wir brauchen allerdings mindestens zehn Mille.“

„Du bist ja verrückt!“ rief Jutta dazwischen.

„Soviel sind wir wert“, grinste Walter. „Steht in der Zeitung.“

„Soviel haben wir nicht“, sagte die Alte, natürlich zu Jutta. „Hol dreitausend Mark von meinem Sparkonto. Ich werde diese Kreaturen mit Kleidung versorgen und heute Abend sind sie weg.“ Schaute noch mal auf die Uhr und schickte ihr Töchterchen in den Kampf: „Geh jetzt. Du musst pünktlich sein.“

Bevor Jutta aus der Wohnung verschwand, musste man ihr noch was flüstern, was in der Eile fast untergegangen wäre. Die Alte ließ einen ja überhaupt nicht mehr zur Ruhe kommen. „Das Wichtigste hab ich beinahe vergessen“, sagte Walter freundlich, als sie in die Diele kam und Jutta galant in den Mantel half.

„Was denn *noch*!?“ zischte Jutta zum Dank.

„Pässe“, lautete die gelassene Antwort. „Liegen bei der Kaltenbach im Safe.“

„Nein!“ wagte der Geier die erste Absage.

Walter lächelte aufmunternd: „Du schaffst das schon!“ Und hielt ihr zuvorkommend die Wohnungstür auf. „Schönen Gruß an die Kollegen!“

Der Tag war trostlos. Die Alte war eisig, die Klamotten, die sie daherbrachte, waren beschissen, Modell „Tante Jutta“ –

zum Kotzen. Speziell für Walter war die Auswahl ausgesprochen mickrig.

Vivi sah in ihrem blaugrauen taillierten Glockenrockmantel mit Pelzbesätzen ja fast hübsch aus, aber die Ärmel des Winterpullis, den Walter anprobierte, reichten mal eben bis zum Ellbogen. Dafür passte die grüne Lodenjacke mit Brosche wenigstens einigermaßen.

Das Ding hatte Vivi aus dem Haufen gefischt – wie eine treue Ehegattin, der die Maße ihres geliebten Oberhaupts geläufig sind. Ansonsten drängte sie auf Aufbruch, wollte endlich die Adoptionsvermittlung knacken und die Adresse von Lukas rauskriegen. Immer dieser Überschwang, kaum waren Kinder in Reichweite.

Walter bremste sacht: „Angenommen, wir finden die Adresse und den Jungen, was glaubst du, was dann passiert. Da kommt so eine wildfremde Frau und behauptet, hei Junge, ich bin deine Mutter, pack deine Sachen, wir hauen ab. Oder was?"

„Quatsch!" rief Vivi empört. „Du verstehst eben nichts von der Beziehung zwischen einer Mutter und einem Kind, von der Stimme des Blutes."

Recht hatte sie. Aber bloß, weil Walter so'n Quark gar nicht verstehen *wollte*. Die „Stimme des Blutes" hatte ihr die Kindheit und die Jugend versaut, Muttertiere waren das Vorletzte, und die Schreihälse allein das Allerletzte. Das hier tat sie bloß für die Mutti, für Vivi. Auch wenn die bloß an ihren Rotzlöffel denken konnte. Einer *muss* doch solange den Überblick behalten. Was sie Vivi auch gesagt hätte, wäre die Alte nicht wieder reingerollt und hätte ihnen zwei Paar Handschuhe vor die Füße geworfen. „Für eure Dreckspfoten."

„*Die* sind aber schön", grinste Walter. „Hat Oma selbst gestrickt?"

„Pöbel!" erwiderte der Drache würdevoll und rollte wieder ab.

Hoffentlich hatte sie nichts von Vivis Ausbruch verstanden.

Schien nicht so, jedenfalls kam Jutta heim, total fertig, warf Walter, die ihr erwartungsvoll entgegensah, drei Blaue vor die Füße – die waren eindeutig verwandt, schmissen mit Zeug um sich wie die Weltmeister! – und gab bekannt, sie *habe* nicht mehr, und die Pässe habe sie *auch* nicht, die Kaltenbach hätte sie erwischt und suspendiert, weil auch *sonst* alles aufgeflogen sei: die Feier im Büro der Kaltenbach, *mit* Alkohol, und dann brüllte sie los, als würde sie im Aquarium stehen: „Ich scheiß drauf, was du gesagt hast. Ich scheiß auf alles, verstehst du? Glaubst du, es macht mir jetzt noch was aus, euch hochgehen zu lassen!? Ich hab nichts mehr zu verlieren. Nichts! Nichts!!"

In so einem Fall verduftet man besser, solange die Drohung mit der gebrechlichen alten Dame im Rollstuhl noch frisch ist.

Dagegen war der Einbruch in die Adoptionsvermittlung der reine Spaziergang. Der Nadel von Juttas scheußlicher Brosche ergaben sich die Schlösser sofort. Nicht einmal der Wachmann auf seiner Runde konnte die Idylle stören, auch wenn Vivi meinte, sie habe sich fast in die Hosen gemacht. Wäre ganz schon ungemütlich geworden, so eng nebeneinander unterm Schreibtisch, und dann nasse Hosen.

Als Vivi die Akte Andraschek aus dem Schrank gezogen hatte, kam das, was schon längst angesagt gewesen wäre. Große Umarmung. „Ohne *dich* hätt ich das nie geschafft. Danke."

Derlei, wenn's dann endlich stattfindet, muss man ja nicht unbedingt an die große Glocke hängen. Also wischte Walter es rasch beiseite. „Wir haben keine Zeit für so was."

Klar, dass der Knabe jetzt nicht mehr Andraschek hieß. Dass Herr und Frau Bötel ihm aber auch noch einen anderen Vornamen verpasst hatten, nämlich Philip, fand Vivi offenbar besonders gemein.

Wichtiger war die Adresse, und die stand schließlich da: Ahornweg 79. Na, wenigstens nicht in Konstanz oder München oder sonst was im Süden.

Die Nacht im Amt war nicht ganz so ungemütlich wie die Nacht im Auto. Vor allem wärmer.

Der frühe Morgen jedenfalls sah die beiden in einer netten ruhigen Seitenstraße, nicht ganz zufällig hieß sie Ahornweg, und nicht ganz zufällig standen sie hinter einem bescheidenen Mäuerchen direkt gegenüber von Nummer 79.

„Wir riskieren 'ne ganze Menge", warf Walter hin und rieb sich die frierenden Hände. „So wie wir hier stehen, auffälliger geht's doch nicht! Wenn das wenigstens eine Haltestelle wär!"

Keine Antwort. Vivi glotzte nur rüber.

„Komm, lass uns abhauen."

„Nicht bevor ich ihn gesehen hab!"

Tatsächlich: kurz drauf öffnete sich drüben die Haustür und ein Bengel kam raus, mit Mülleimer, blond, etwa neunjährig.

„Das *ist* er!" hauchte Vivi, blass geworden, und griff sich ans Herz. Beinah ehrfürchtig: „*Das* ist mein Lukas."

Ihr Lukas kippte den Müll in die Tonne und verschwand im Haus.

Aber nicht lange. Denn er kam wieder, Schlittschuhe unterm Arm, machte die Gartentür auf und wollte davongehen, Schlittschuhlaufen, hatte schließlich Weihnachtsferien, der Knabe.

Das war zuviel, jedenfalls für Vivi. Stimme des Blutes wahrscheinlich. Sie rannte über die Straße und hielt den Burschen an.

Was sie zu ihm sagte, war zu weit weg, garantiert aber nannte sie ihn Lukas und nicht Philip, und garantiert dachte der Kleine, die verrückte Tussi habe ihn verwechselt, wollte sich losreißen, sie wollte ihn zurückhalten und an sich drücken, wahrscheinlich sagte sie auch, sie sei seine Mutter, was der natürlich für eine glatte Lüge halten musste, weshalb er sich wieder zur Gartentür rettete, obwohl Vivi ihn am Arm gepackt hatte, er kam sogar zur Tür rein, zum Haus laufen aber konnte er nicht mehr, weil Vivi ihn an den Schultern festhielt, ihm den Rücken ans Tor zog, sich drüberbeugte und ihren Kopf an seinen drückte oder ihm sogar den Mund küssen wollte, weiß der Kuckuck.

Klar, dass der Knabe um Hilfe schrie, hätte er schon früher tun können.

Klar auch, dass es nicht der Knabe war, der die Bullen gerufen hatte. Denn, verdammte Scheiße! die kamen tatsächlich, Tatütata mit Blaulicht, aus jeder Richtung, keine Chance.

In Panik schrie sie zu Vivi rüber: „Lass doch den Jungen los! Die Bullen kommen!"

Vivi brüllte zurück: „Knack uns ein Auto! Ich nehm ihn mit!"

„Bist du verrückt?" brüllte sie rüber. „Lass den Jungen los, oder ich hau ab!"

Vivi ließ ihn nicht los, also haute sie ab, tauchte unter, und zwar buchstäblich, weil da über einem offenen Schachtdeckel ein Bauzelt stand.

Die Bullen waren da, sprangen raus, rasten zu Vivi hin, die noch immer den Kleinen umklammerte, als könne der sie retten, obwohl die Bullen sie längst gepackt hatten und zurückzerren wollten.

So aber hatte sich noch nie jemand getraut, an ihrer Frau herumzuzerren, nicht wenn sie, Walter, der Mann, in der Nähe war.

Mit unbeschreiblichem Gebrüll tauchte sie aus dem Zelt auf. „Lasst sie los!" Stürzte sich ins Getümmel und wurde gepackt, Polizeigriff, Handschellen.

Und wer saß in einem der Büttelkarren? Der Geier. Völlig reglos.

Die Alte hatte eben doch was gehört. Scheiße.

So endete der große Silvesterausbruch. Die Rückkehr gehörte ja schon nicht mehr dazu. Rückkehr gehört niemals zu einem Ausbruch, im Gegenteil.

Obwohl die Rückkehr auch nicht ganz ohne war. Nicht ganz so toll wie der Aufbruch, aber wenigstens mit bewundernden Zuschauern. Denn hinterm Zaun standen alle, um die Helden von Reutlitz zu empfangen. Und kaum waren sie aus der grünen Minna ausgestiegen, ging ein Johlen, Schreien, Klatschen und Pfeifen los.

Bei so was konnte Walter nicht anders – siegreich hob sie die gefesselten Fäuste und lachte übers ganze Gesicht.

Nicht Vivi, natürlich, die hatte die totale Pleite erlebt. Aber sie *hatte* ihren Lukas gesehen. Versprochen ist versprochen. Walter war stolz auf sich. Die hoheitsvolle Begrüßung der Kaltenbach, die mit ein paar Schlusen vor der Tür stand, konnte daran nichts mehr ändern.

Klar, der Geier hatte sich einigermaßen gerettet, schließlich hatte er die beiden extrem gefährlichen Ausbrecher wieder heimgebracht. Aber als die Kaltenbach zuletzt doch noch wissen wollte: „Wo haben Sie sich eigentlich die ganze Zeit versteckt gehalten?“

Da legte sich ein wohliges Grinsen auf Walters Gesicht. Und nach gehöriger Kunstpause antwortete sie lässig: „Frau Adler war so freundlich, uns ihr Gästezimmer zur Verfügung zu stellen, nebst Familienanschluss.“

Gelächter überall. Sogar Evelyn verzog ausnahmsweise einmal ihre kühle Maske. „Schön, dass Sie Ihren Humor nicht verloren haben.“

Dann befahl sie den Schlusen: „Bis wir die Umstände geklärt haben, kommen die Damen in Einzelhaft.“ Bunker also.

Aber was soll’s?

19

Falls jemand denken sollte, die Geschichten rund um Vivi und ihren vielen Babys seien zu Ende, hat er sich gründlich getäuscht.

Zuerst war da aber noch eine andere Sache. Die hatte zwar auch mit einem Baby zu tun, aber nur indirekt mit Vivi. Und, als hätte dieser Drecksack auch mit *diesem* Baby zu tun, betrat genau zur gleichen Zeit Zöllner wieder die Bildfläche, das heißt: er betrat sie natürlich nicht, treten konnte der nicht mehr, der lag ja tiefgefroren in der Gärtnerei. Trotzdem.

Zuallererst aber mussten Walter und Vivi wieder die Bildfläche betreten; und dass sie das gemeinsam, vor allem auf Station B tun konnten, hatte man der Kaltenbach zu verdanken. Der Geier würde zwei Ausbrecher garantiert als Erstes trennen. Und nach allem, was geschehen war, würde er garantiert nicht mal einen davon in die Station legen, wo er selber Dienst tat. Hin und wieder brachte der humane Strafvollzug auch Vorteile.

Also auf die B, und zwar zusammen. Jutta würde sich gewiss schon freuen. Spannend auch, ob Dahnkes Nase noch funkelte.

Als sie gebracht wurden, waren die anderen alle auf Arbeit. Schade eigentlich. Dann eben ohne stürmische Begrüßung. Irrtum. Und zwar standen genau die beiden Hübschen Spalier, auf die man sich gefreut hatte: Jutta und Dahnke.

Die Nase funkelte noch; Dahnke versäumte nicht, darauf hinzuweisen. Hätte er nicht tun müssen.

Jutta, vereister Kühlschrank, befahl: „Horst, Andraschek und Walter kommen in getrennte Zellen."

„Was!?" Das hatte sich Walter anders vorgestellt. „Die Kaltenbach hat gesagt, wir können zusammen auf die Station!"

Der Geier schnappte: „Seid ihr ja auch, aber wer mit wem auf einer Zelle liegt, bestimmen immer noch *wir*."

Natürlich forderte Walter sofort ein Gespräch mit der Kaltenbach. Aber Jutta säuselte: „Da musst du einen Antrag stellen. Horst, haben wir noch Formulare?" Und Horst grinste: „Sind uns leider gerade ausgegangen."

Also Krieg. „Wenn ihr mich und Vivi trennt, dann geht hier so die Post ab, dass die Kaltenbach automatisch erscheint!"

„Bitte!" gab Jutta zurück. „Das kannst du gerne versuchen. Wir sind ein dankbares Publikum."

Vivi war schon immer auf Harmonie aus. Das haben Frauen, wenn sie so richtig knuddelige Frauen sind, eben an sich. Was ja auch meistens ganz schön ist. Aufgeräumt, sauber, Essen fertig, Kerze auf dem Tisch und so. Andererseits verhindert das viel zu oft das kurze knappe Durchgreifen. So auch jetzt. Denn Vivi meinte: „Walter, das hat doch keinen Sinn."

Was Jutta natürlich sofort aufgriff: „Stimmt genau. Wenn mir eine von euch auch nur *ansatzweise* Stunk macht, dann sorge ich *persönlich* dafür, dass ihr *sofort* auf getrennten Stationen landet. Dann gibt es erst mal Bunker und danach *absolute* Kontaktsperre!“ Sah Walter in die Augen, wie andere Leute einem bissigen Hund, und bellte: „Diskussion beendet?“ Und weil kein Widerspruch mehr kam, befahl sie: „Die Andraschek zur Friese, die Teubner zur Walter.“ Machte strenge Augen und zog sich ins Aquarium zurück.

Ach du dickes Ei! Ausgerechnet Vivi und Dagmar in einer Zelle! Das *musste* doch Zoff geben! Der Sauhund Jutta rächte sich nicht bloß mit Trennung, was völlig gereicht hätte, sondern auch noch mit Zusammenlegung!

Vivi sah das wohl ähnlich, bloß andersrum, denn sie sagte leise, aber unverkennbar erschrocken: „Toll! *Du* mit Susanne in *unserem* Bett!“

Okay, okay, sie hatte Susanne von Anfang an immer wieder angemacht. Aber schließlich war sie nicht bei Susanne geblieben, verdammt noch mal, sie hatte Vivi dazu verholfen, ihren Lukas zu sehen, auch wenn's 'ne ziemlich verreckte Kiste geworden war, was aber in *dem* Punkt überhaupt keine Rolle spielte. Genau betrachtet könnte man sogar sauer werden. Noch genauer betrachtet war's aber wichtiger, Vivi zu beruhigen.

„Nun hab doch ein bisschen Vertrauen zu mir“, brummte sie sanft und zärtlich. „So'n paar Wände können *uns* doch nicht trennen.“

So weit war alles klar: Zelle umräumen. Der Einzug der

siegreichen Feldherren würde dann eben erst beim Mittagessen stattfinden.

Endlich betrat sie, Vivi hinter sich, erwartungsvoll den Speisesaal, Strahlemann im Gesicht, Victory-Zeichen.

Aber keine rührte sich. Alle sahen aus, als hätte ein Holzhammer zugeschlagen.

Ihr Blick fiel auf ihren Platz, auf ihren Stuhl an ihrem Tisch. Und wer hockte da? Dagmar, das Aas. Und daneben, wo Vivi hingehörte, saß Katrin.

Totenstille.

Walter schob sich zwischen den Tischen durch und baute sich neben Dagmar auf. Daggi-Maus aber gabelte gelangweilt am Essen rum. Bis Katrin sie anstieß und raunte: „Jetzt oder nie. Sag ihr, was Sache ist.“ Dagmar hob den Kopf, guckte aber nicht etwa hoch, sondern sülzte ins Leere: „Wie war das? Wer so blöd ist, sich stümperhaft schnappen zu lassen und uns damit nur Scherereien aufhalst, der hat erst mal gar nichts zu melden, richtig?“

Bevor Walter dieser Schlange die Zunge in den Hals stopfen konnte, erklärte Uschi: „Damit eins klar ist: für diesen Tisch hier sprichst du nicht. Macht das zwischen euch aus.“

Wenigstens wollte Uschi sich raushalten, das war schon beinah freie Fahrt für alle. Aber okay – für Vivi erst mal die sanfte Tour probieren: „Beweg deinen Arsch von meinem Platz, ich sag's nicht zweimal.“

Was natürlich nichts half. „Du hast hier gar nichts mehr zu sagen“, kam zurück. „Deine Zeit ist um.“

Worte, nichts als Worte. Vivi hin oder her: Walter packte zu und hob Dagmar am Hals hoch. Sofort rief Vivi: „Spinnst du? Die will doch nur, dass du ausrastest! Schlag zu und du gehst gleich noch mal in den Bunker, und danach kommst du irgendwo hin, aber nie mehr zu mir auf die B."

Für Vivi tat sie inzwischen wirklich fast alles. Ließ also Dagmar los und setzte sich an irgendeinen Tisch. Natürlich nur für den Augenblick. Was Uschi wohl klar erkannte, denn sie kam rüber und wollte die Sache geklärt haben. Obwohl sie gesagt hatte, das sollten Walter und Dagmar allein regeln.

Seit wann war Uschi denn auf Walters Seite? Merkwürdige Sitten waren hier eingerissen. Da musste man sich bloß für ein paar Tage Ausgang genehmigen. „Seit wann", prüfte sie das nach, „bis *du* auf *meiner* Seite?"

„*Bin* ich nicht", versicherte Uschi. „Deine brutale Art hat nie Probleme gelöst, immer nur neue gemacht. Aber so, wie *die* sich das vorstellt, geht's *auch* nicht."

Das war dann auch ziemlich rasch geklärt. Am Nachmittag genehmigte Uschi eine Denkzettel für Dagmar, lenkte Dahnke ab, der im Glaskasten französisch paukte und sowieso nichts gemerkt hätte, aber egal. Uschi setzte damit natürlich ein Zeichen, auch für die anderen, und Vivi folgte Walter ins Lager, wo Walter einen netten eckigen Brocken Seife in einen dicken Wollstrumpf packte und Dagmar zeigte, wo sie hingehört. In den Staub, wie alle Schlangen.

Wieso Seife und Wollsocken? Blöde Frage. Damit man keine Verletzung sehen kann.

Soweit war jetzt auch *das* klar. Am Abend dann der gloriose Einzug der süßen Susanne.

Walter kam erhoben von Vivi zurück, der sie gute Nacht gewünscht hatte, bevor sie sich ins kuschelige Doppelbett untern Baldachin schmeißen wollte, wobei sie den Gedanken an das zarte Wesen, das ab jetzt hier liegen würde, natürlich möglichst weit nach hinten drückte. Allerdings war das zarte Wesen gerade dabei, die Betten auseinanderzuschieben, was es nicht schaffte, klar.

Sofort warf Walter sich drauf und knurrte: „Das bleibt genau da stehen, wo es stand, kapiert!?“

Aber dieses zarte Wesen hatte sich inzwischen verdammt gut eingewöhnt. Denn was jetzt aus ihm rauskam, war zwar niedlich anzugucken, aber überhaupt nicht niedlich anzuhören: „*Mir* passt es ebenso wenig wie *dir*, dass ich *hier* bin. Aber das ist nun mal nicht zu ändern. Also werden wir wie zwei vernünftige erwachsene Frauen miteinander umgehen. Ich will eins von Anfang an klarstellen, Walter. Man hat mir alles genommen: meine Kinder, meine Ehre, meinen Glauben an Gerechtigkeit. Nur eines nicht: meine Würde. Es klingt vielleicht lächerlich, aber ich will meinen eigenen Bereich haben, der dich nichts angeht. *Ich* akzeptiere *deine* Intimsphäre und erwarte dasselbe von *dir*.“

Da brauchte Walter bloß lässig mit dem Fuß zutreten, schon fuhr Susannes Bett an die Wand rüber. „Sonst noch Wünsche?“

„Danke.“

Kurz drauf kam aber noch Walters Jacke angeflogen, hatte harmlos überm Stuhl gehangen, kein Grund, sie jemand an den Kopf zu schmeißen.

Für Susanne offenbar doch. „Das ist *mein* Stuhl!"

Irgendwie hatte sie sich's ganz anders vorgestellt, wenn Susanne endlich mal die Nacht bei ihr verbringen würde.

Das war also ein Punkt, der noch *nicht* geklärt war, auch wenn Susanne das garantiert etwas anders sah.

Wobei es sich bei der Klärung aber nicht etwa um Sex handelte, schon der bloß Gedanke daran steckte weit hinten oben, wo er hingedrückt worden war. Schließlich war Walter nicht umsonst mit *Vivi* abgehauen. So was verbindet. Aber normalerweise würde sich doch keiner trauen, dermaßen mit der großen Walter umzuspringen. Irgendwie hatte das zarte Wesen also doch einen Nutzen davon, dass Walter sie mit besonderem Blick betrachtete. Denn wenn sie jemanden *so* betrachtete, dann hatte der echte Vorteile. Zumindest in Sachen Machtbefugnis.

Und Susanne zeigte denn auch, dass sie das zu schätzen wusste. Als nämlich Vivi am anderen Morgen in die Zelle kam, die auseinandergestellten Betten zur Kenntnis nahm und sich an Walter kuschelte, die noch im Bett lag und erst mal wissen wollte, ob Dagmar erträglich gewesen war – da lächelte Susanne süß: „Ich will euch nicht stören." Und verschwand.

Nicht übel.

Da konnte man sich direkt mal ungestört um alles andere kümmern. Zum Beispiel Mutz. Die war wieder da, angeblich Sterbehilfe, wie gehabt. Diesmal den Mann ihrer Tochter. Treppe runtergefallen, querschnittsgelähmt. Was wirklich Sache war, wurde natürlich unter der Hand weitergegeben: Gaby war's selber, Mutz hatte sich für ihr wiedergefundenes Küken geopfert.

Solange Mutz weg war, hatte ja Martina in der Gärtnerei gearbeitet. Jetzt arbeiteten sie dort eben zusammen. Und weil es arschkalt war, sind die Wasserrohre eingefroren. Die Kaltenbach genehmigte, was der Geier immer abgelehnt hatte: neue Rohre, und zwar in der kompletten Gärtnerei. Bei der Essenausgabe haben Martina und Mutz drüber geredet, Uschi stand zufällig in der Nähe. So ist's den anderen Wissenden zu Ohren gekommen.

Eins war sofort klar: die dürften in der Gärtnerei überall buddeln, bloß nicht am Beet neben den Steinplatten. Ein paar Takte von Uschi und Walter, und Martina versprach wie ein verängstigtes Rehlein, sie sorge dafür. Obwohl sie gar nicht wusste, weshalb. Sie machte sich sogar extra einen Plan.

Trotzdem: ein scheiß Gefühl, sich auf dieses schwache Kind verlassen zu müssen. Zur Vorsicht musste ein Plan B her.

Also trafen die fünf Wissenden sich mal wieder zur Beratung. Regine hatte gerufen. „War einer von euch in der Gärtnerei?" fing sie an, kühl wie immer, von oben herab wie immer, scharf wie immer. „Wie weit ist denn der mit seinen Grabungen?"

War keiner, wusste auch keiner. Sollte man vielleicht alle paar Stunden rübermarschieren und nachschauen oder was?

Kein Plan B zu entdecken, nirgends.

Das größte Ding war aber, dass der Babykiller sein Baby gar nicht gekillt hatte. Auf Station erfuhr man natürlich bloß, was die erzählten, die zufällig gerade im Besucherraum waren.

Nicht zu fassen, aber Martinas Mann hatte das Baby gefunden. Damit war Martinas Urteil erledigt. Sie war frei.

Wenn schon mal eine den Knast auf normalem Weg verlassen darf, gibt's großen Bahnhof. Auch wenn sich diesmal alle mies vorkamen, weil sie Martina, als sie noch der Babykiller war, ziemlich hart angefasst hatten. Außer Susanne hatte ihr doch keine Sau geglaubt. Zu Uschi zum Beispiel sagte sie: „Wenn *du* die anderen nicht oft gebremst hättest ..."

Das gaben die anderen auch alle zu, mehr oder weniger. Wie es Vivi zumute sein musste, konnte man höchstens ahnen. Schließlich waren die härtesten Angriffe gegen Martina von Vivi angestoßen worden. Dann aber sagte Vivi doch etwas, und zwar: „Pass gut auf deinen Jungen auf!" Darauf hätte man gleich kommen können: Martina hatte ihr Baby wieder, und mit Vivis Jungen war's gerade dumm gelaufen.

Nachdem Martina an Vivi vorbeigegangen war, blieb nur noch Walter übrig. Und *sie* hatte die härtesten Angriffe schließlich ausgeführt.

Manchmal würde man was drum geben, in den Boden sinken zu können. Aber sich drücken war noch nie ihr Ding gewesen. Verlegen sein aber auch nicht. Und jetzt *war* sie verlegen. Ein beschissenes Gefühl.

„Ich glaub", fing sie an, stotterte ein wenig rum und schaute in die Runde. Überall größte Aufmerksamkeit, Spott meistens, nur ein einziger aufmunternder Blick, natürlich von Susanne. Also fuhr sie rau fort: „Ich war immer ein totales Miststück zu dir. Jetzt kann ich's leider nicht mehr ändern." Zauberte hinterm Rücken vor, was sie Martina als Abschiedsgeschenk ausgewählt hatte: einen kleinen Teddybären. „Falls du überhaupt was von mir nimmst. Für deinen Sohn!"

Und Martina nahm den Teddy.

Walter trat beiseite, um sie durchzulassen, vor allem aber, um die verdammte Rührung zu verstecken. Seit der Sache mit Vivis Abtreibung überkam sie dieses blöde Gefühl manchmal einfach, aber Gott sei Dank selten.

Frei war Martina deshalb noch lange nicht. Denn auch ein toter Zöllner ist ein mieser Zöllner. Weil er sich genau in dem Moment, als Martina zuletzt auch noch Mutz ade sagte, vom Klempner ausbuddeln ließ.

Was nichts mit Martinas Entlassung zu tun gehabt hätte, hätte nicht Kommissar Fuchs geglaubt, diesen Fall endlich doch noch aufgeklärt zu haben. Zöllner hatte Martina vergewaltigen wollen, Martina hatte in der Gärtnerei gearbeitet, Zöllners Leiche wurde in der Gärtnerei gefunden – eine verteufelte Indizienkette, absoluter Schwachsinn. Martina aber musste bleiben. Bis zur Aufklärung des Mordes.

Schließlich konnte man dem Fuchs ja nicht flüstern, was Sache ist. Martina reinreiten, nach allem, war genauso unmöglich. Und so trafen sich die fünf Wissenden wieder zur Beratung.

„Ich will auf keinen Fall" forderte Walter als Erstes, „dass die Tielmann unschuldig leidet." Klang ungefähr nach dem Gegenteil von früher.

Nur Dagmar, die Schlange, säuselte wie immer: „Wir sollten uns jetzt keine Gedanken um Martina machen. Die kommt frei. Garantiert."

„Halt bloß den Mund!“ grollte Walter wütend. „Wegen dir sitzt sie doch jetzt in der Scheiße.“

Außerdem war's völlig zwecklos gewesen, Martina zu überreden, die Buddelei zu verhindern. Sogar gefährlich. Sie wusste zwar nichts. Aber wer *gewollt* hatte, dass das so bleibt, wusste sie genau: Walter und Uschi. Sie wusste auch, dass sie nicht als Einzige von Zöllner gepackt worden war. Damit wäre Vivi dran. Sie wusste von der seltsamen Leibeigenschaft. Damit wäre Dagmar wenigstens verdächtig. Einzig Regine hätte eine Chance; später Erfolg der sauberen Finger.

Falls Martina sang. Was sie noch nie getan hatte. Aber diesmal? Für den Babymord unschuldig gesessen, für den Zöllnermord unschuldig sitzen, das Glück mit Mann und Kind direkt vor der Nase. Dieselbe verdammte Indizienreiterei. Und nicht bloß der Fuchs würde schnappen, sondern auch die Dahnkes und Kittlers, Zöllner war schließlich ein Kollege. Alles zusammengerechnet könnte man sogar Verständnis haben, wenn sie nicht dichthielt.

„Ich seh nur *einen* Weg“, schloss Walter, als sie mit dem Rechnen fertig war, „wir liefern Dagmar aus.“

Regine erinnerte kühl: „Dagmar ist von uns bereits wegen Totschlag an Zöllner verurteilt worden. Sie hat ihre Strafe bekommen.“

Recht hatte sie, verdammt, eine andere Lösung gab's aber nicht.

Dagmar wand sich: „Knallt ihr jetzt alle durch? Ihr wisst doch, wie Zöllner uns immer getriezt hat. Ich hab ihn doch auch für euch umgebracht!

„Für *uns*?“ schrie Walter. „*Du* hast mit dem Probleme gehabt!“ Da hätten noch ganz andere die Nerven verloren.

Dagmar schlängelte sich: „Ihr habt ihn doch auch alle gehasst!“ Zu Uschi: „Dich hat er eine Woche lang in den Bunker gesteckt. Du hattest überhaupt nichts getan.“ Zu Walter: „Dein Radio hat er kaputt gemacht.“ Zu Vivi: „Und dich, Vivi, hat er vergewaltigt!“ Zu allen: „Der hat doch keine Minute ausgelassen, uns das Leben zur Hölle zu machen. Und ich, ich hab ihn in *Notwehr* umgebracht, habt Ihr das etwa *auch* vergessen!?“

So wären sie *wieder* nicht zu Potte gekommen. Vor allem, weil wieder mal eines fehlte: die Tatwaffe. Wie damals. Nur fehlte sie inzwischen nicht nur den Wissenden, sondern auch den Bullen. Und diesmal lag sie nicht mehr hinter der Montagekachel im Bad, diesmal hatte Uschi sie versteckt, und die verriet das Versteck nicht einmal jetzt. Sogar Regine war zufrieden: „Dann haben die überhaupt nichts gegen uns in der Hand.“

Zellenrazzia, Einzelverhöre – die Schlinge zog sich zu, und Martina musste endlich raus. Das sah ein Blinder mit dem Krückstock.

„Kein Wunder, dass sie mit den Nerven runter ist“, fing Vivi nach ein paar Tagen an. „Was Martina im letzten Jahr alles durchgemacht hat!“ Auch das klang ungefähr nach dem Gegenteil von früher.

Die versammelte Belegschaft saß im Gruppenraum, große Krisensitzung, schuldbewusst, alle. Und alle kramten ihre Erinnerungen raus, bis man bei der Krankenstation angekommen war: Zöllners Besuch in der Iso, Martina zusammengeschlagen.

Vivi fuhr hoch wie gestochen. „Mensch! Das ist es!“ Und rannte los. „Ich muss sofort zur Kaltenbach!“

Hätte man ruhig früher drauf kommen können, vor allem dieser Fuchs, wozu wird so einer denn bezahlt? Damit Vivi ihm die Rosinen frei Haus liefert oder was? Denn eines war jedem sonnenklar, nachdem Vivi draufgekommen war: wer zusammengeschlagen auf der Krankenstation liegt, kann nicht der Mörder sein.

Alle standen am Zaun und sahen Martina nach. Natürlich war's wieder Ilse, die bettelte, dass sie sich nicht noch einmal umdrehen soll.

Mit schwerem metallenem Quietschen schob die Schleuse sich auf. Draußen wartete Martinas Alexander, Baby auf dem Arm. Martina flog ihm an den Hals, dann nahm sie ihren Oliver auf den Arm.

Unter schwerem metallenem Quietschen, langsam, verflucht langsam verschwand dieses Idyll glücklichen Familienglücks. Martina hatte sich nicht mehr umgedreht. Worüber alle froh waren. Nur Vivi stand da und sagte kein einziges Wort. Wobei sie natürlich *nicht* an Zöllner dachte.

Martina war also endlich draußen. Aber der Fuchs schnüffelte natürlich weiter. Dass Lollo wieder herhalten musste, wieder nach eher schlagkräftigen Argumenten, war klar. Das Pärchen Ilona Kühne und Daniel Fuchs war auf dem besten Weg, in seine Bestandteile zerlegt zu werden.

Aber dann tauchte die Mordwaffe auf. Uschis todsicheres

Versteck war also doch nicht so todsicher wie gedacht. Obwohl – der Tod kam trotzdem. Aber nicht zu Dagmar, im Gegenteil: Dagmar war zuletzt völlig entlastet. Und mit ihr die anderen vier Wissenden. Da konnten sie aber alle fünf nichts dafür.

Irgend so ein Junkie, wie sich später herumsprach, hatte die Kappe vom Hydranten im Hof abgeschraubt, um Stoff zu verstecken und dort die Tatwaffe gefunden. Hut ab vor Uschi! Der Hydrant war eine geniale Idee. Im Freien, also anonym. Jede hätte dort was verstecken können, falls sie zu genialen Ideen neigt. Der Junkie konnte also nicht *ganz* blöd gewesen sein.

Nur wollte er einem anderen Junkie an die Kehle, mitten im Speisesaal, und bedachte nicht, dass diese Tatwaffe wirklich verdammt gefährlich war. Also kam er dabei selbst zu Schaden und nippelte auf dem Weg ins Krankenhaus wortlos ab. Zugedröhnt, schwer verletzt – Exitus. In ihrem Tagebuch entdeckte Fuchs, Z. habe wieder mal „nicht geliefert", und dafür sei er „jetzt dran".

Der Fall Zöllner war abgeschlossen. Offiziell und inoffiziell.

Mit einem Justizirrtum zwar, aber das wunderte keinen. Nicht in Reutlitz. Vor allem keine Insassin.

20

Endlich wäre wirklich alles bestens gelaufen.

Hätte die Rache des Geiers für Silvester nicht zuletzt doch noch gegriffen.

Schließlich lag seitdem Vivi in Dagmars Zelle. Vor allem aber lag in Walters Zelle Susanne. Eine Zeitbombe.

Die hatte vor sich hingetickt, solange man den Mörder Zöllners suchte. Hatte getickt, solange Regine Walter verdächtigte, ihr Manuskript geklaut zu haben.

Aber nachdem Susanne das Manuskript im Aquarium gefunden hatte, war der Geier geoutet, und dieser Ministerialrat Fock musste seinen Hut nehmen.

Und da, wahrscheinlich weil sonst zu wenig los war, hatte die Bombe ausgetickt, explodierte aber nicht, sondern gab einen unsichtbaren Stoff frei, der irgendwie alles anders aussehen ließ als früher.

Und Walter *sah*, als Susanne sich wie immer unter der Dusche abseifte, dass sie das irre zärtlich tat.

Und Susanne sagte auch nicht wie immer: „Lass das!" Sondern als Walter sie ins Handtuch wickelte und trockenrubbelte, sagte sie: „So zuvorkommend war schon lange niemand mehr zu mir."

„Lass das!" kam zwar doch noch, nämlich als Walter Susanne in die Arme nahm. Aber Susanne fügte hinzu: „Ich könnte mich sonst daran gewöhnen."

Dass Walter aufschaute, war reiner Zufall. Dabei fiel ihr Blick auf Vivi. Und Vivi stand vor der Dusche mit einem Gesicht, als gebe es eine zweite Bombe, die nicht irgendwie leise losgehen würde, sondern mit Krach explodieren.

Susanne flüchtete hinaus, an Vivi vorbei. Vivi rührte sich nicht, und Walter fragte: „Ist was, mein Schatz?" Ziemlich dumm, zugegeben.

„Was soll sein?" fragte Vivi dumm zurück „Du wirst schon wissen, warum du mich vernachlässigst und statt dessen Susanne anmachst!"

Große Beruhigung: „Ich frag Susanne, ob sie uns mal die Zelle überlässt. Und dann werde ich mich ausgiebig um dich kümmern, mein Schatz. Stundenlang!" Walter wollte sie an sich ziehen, aber Vivi riss sich los. „Du kapierst mal wieder nichts! Vergiss es!" Und war draußen.

„Ich möcht gar nicht wissen", rief Vivi am nächsten Tag, „was du *nachts* mit ihr anstellst!"

„Kann ich dir sagen." Harmlos. „Jeder liegt brav in seinem Bettchen. *Sie* spricht ihr Gute-Nacht-Gebet, und *ich* vergnüge mich mit mir."

Vivi glaubte natürlich kein Wort. Dabei hatte Walter ja nun wirklich schon fast alles für sie getan. Und Walter grollte: „Langsam geht mir das echt auf die Nerven. Soll ich vor dir auf die Knie fallen und dir zum hundertsten Mal beteuern, ich liebe dich, nur dich, ganz allein dich?“

Als Beweis baute sie sich vor dem Geier auf. Obwohl der wütend durch die Wäscherei flatterte und einen Schuldigen suchte. Weil auf dem Mäuerchen unterm Aquarium der nette Spruch stand: „Der Geier ist versoffen“. Ein gereizter Geier ist ein gefährlicher Geier. Trotzdem fragte Walter artig und nett, ob der Geier nicht erlaube, dass Vivi wieder in Walters Zelle ziehe.

Dass der Geier höhnisch lachen würde, war klar. Und Walter grinste, wie man über höhnisches Geierlachen eben grinsen muss. „Übrigens – dieses strenge Parfüm passt sehr gut zu deiner Persönlichkeit. Auch wenn ’n bisschen viel Konservierungsmittel drin ist. Aber manchen Leuten kann der Alkoholanteil ja nicht hoch genug sein.“

Woraus der Geier haarscharf schloss, *wer* den Spruch an die Wand gepinselt hatte. Nun kam dann ein Verdachtsmoment zum anderen.

Zuerst wollte Walter nichts mehr von Regines Buch wissen. Dabei hatte sie Susanne damals vorgeschwärmt: „Weißt du, das ist das erste Mal, dass jemand was über *mich* schreibt. Sonst komm ich bloß in den Gefängnisakten vor.“ Bis sie erfahren hatte, *was* über sie geschrieben stand: drinnen der Boss, draußen der Abschaum der Gesellschaft. Da hatte sie gebrüllt: „Diese Scheiße wird *nicht* veröffentlicht!“ Und: „Dafür werd ich sorgen, klar!?“ Deswegen hatte Regine sie doch überhaupt erst als Dieb verdächtigt. Und nun *war’s* veröffentlicht, aber Walter tat, als interessiere es sie einen Furz.

Als nächstes bestellte sie nichts aus der Kleiderkammer, obwohl sie gerade ihr Hemd zerrissen hatte. Die Formulare zum Ankreuzen waren ausgegangen. Susanne hatte was vergessen, schrieb einen zweiten Zettel und sagte, wenn sie schon dabei sei, könne sie doch auch noch was für Walter draufschreiben. Und Walter ratterte eine lange Liste runter.

Als drittes dann die blöde Verwechslung von Weichspüler und Bleichmittel. Bloß weil die Flaschen gleich aussehen. Aber Walter hielt eisern das Maul, und der Geier entschied: „Das Maß ist voll! Du gehst in den Bunker!"

Rache für den Spruch an der Wand, das war klar. Der Kaltenbach natürlich auch, weshalb sie eingriff und Walter die Flaschen vor die Nase hielt: „Hier steht doch groß genug drauf, was drin ist." Aber die Kaltenbach konnte bedauern, soviel sie wollte. Walter hielt das Maul. Lieber drei Tage Bunker.

Da erklärte Susanne: „Walter kann nicht lesen. Und schreiben kann sie auch nicht. Sie ist Analphabetin."

Walter knirschte: „Kannst du nicht *ein Mal* deine Grundschulschnauze halten!" Aber zu spät. Jetzt wussten's alle.

Die mächtige Walter, unangefochtener Boss der Station B, Sektion harte Typen, die große Walter kann nicht einmal, was kleine Mädchen können.

So was steht einem Boss nicht nur schlecht an, so was gefährdet seinen Posten. Und dann geht's wie bei diesem Ministerialrat Fock, wenn auch aus anderen Gründen. Außerdem traf's wie die Faust in die Suppe, dass ausgerechnet in der Zelle der Analphabetin die Frau Lehrerin haust.

Alle grinsten, alle lachten, alle stichelten. Zuerst Uschi und ihre Leute, dann die eigene Mannschaft, Daggi-Maus voran. Die lasen ihr sogar den Speiseplan vor, lauter Zeug aus teuren Hotels. Und Vivi sagte auch noch: „Lass dich nicht verarschen, Walter. Es gibt Verlorene Eier, Salat, Birnenkompott."

„Blöde Kuh! Ich sehe doch selber, was für'n Fraß auf den Tellern ist!" Sagte Walter. Zu Vivi.

Dabei ist's bloß ungemütlich, sich für was zu genieren, was sich nicht so einfach aus der Welt schaffen lässt. Vivi hätte das ja auch kapieren können. Aber nein.

„Übrigens", musste sie sagen, als sie sich später zufällig im Lager trafen. „Die blöde Kuh bist du selber! Warum hast du *mir* nie gesagt, dass du nicht lesen und schreiben kannst?"

Die Scheiße mit dem Lesen allein wäre genug gewesen. Die Scheiße mit der Eifersucht auch. Beides zusammen war zuviel. „Jede Frau hat ihr kleines Geheimnis." Lahm, zugegeben. Nutzte auch nichts.

„Der Teubner, der erzählst du anscheinend alles!"

„Quatsch! Keinem Menschen hab ich was davon gesagt, auch Susanne nicht. Ganz so blöd bin ich nicht, dass ich mich vor allen lächerlich mache. Die tolle Walter kann nicht mal ihren Namen buchstabieren!" Da hatte Vivi ihren Kniefall doch noch fast gekriegt. Nutzte aber auch nichts.

„Und woher *weiß* es dann die Schlampe? *Mir* hast du nie so vertraut!"

Schwach: „Vivi, verstehst du nicht, dass …"

„Gib's doch zu", unterbrach Vivi wütend, „dass du mit der Teubner was angefangen hast!"

„Blödsinn, Vivi!" Sie hatte doch fast um Verständnis gefleht. „Wer *hat* denn hier kein Vertrauen?“ Eigentlich sollte man sogar echt wütend werden. „Mit Susanne läuft nichts!“ Für wen *war* sie denn abgehauen und hatte dafür im Bunker gesessen und wär fast als Boss abgesägt worden? „Krieg das endlich aus deinem eifersüchtigen Hirn, *sonst* …“

Natürlich musste Dahnke reinkommen und blöd dazwischenquatschen.

Denn genau *das* war der Punkt. *Sonst* – was? Vivi hätte gewarnt sein können. Die Sache war ernst.

Wer konnte denn was dafür, dass Susanne dahintergekommen war. Susanne war eben schlau, *daher* wusste die Schlampe das. Vivi hätte genauso gut draufkommen können. Die sollte sich lieber an der eigenen Nase packen. Stattdessen kam sie nicht mal auf die Idee, dass Susanne sowieso unten durch war, weil sie's verraten hatte. Obwohl – eigentlich hatte sie's nur verraten, um den Bunker abzuwehren. Trotzdem: wenn sie schon so schlau war, hätte sie merken müssen, dass Walter der Bunker lieber gewesen wäre. Genaugenommen hatte sie gesungen wie damals, als Martinas Hände in die Bügelmaschine geraten waren. Und nicht bloß vor den Schlusen. Das war das Schlimmste. Mit Susanne war sie fertig. Das hätte Vivi doch kapieren müssen.

Bei jeder anderen hätte sie nachgeholfen, Bunker hin oder her. Aber nicht bei Vivi. Dazu hatten sie schon zuviel miteinander durchgestanden. Die anderen flüsterten schon längst was von wegen „altes Ehepaar“. Genau! Sie war nicht mehr allein. Sonst hätte ihr garantiert keiner was bieten dürfen! Beschissene Situation.

Denn ehrlich gesagt: nicht mal bei den anderen hätte sie nachgeholfen. Nicht jetzt. Wenn's ums Hirn geht, helfen Fäuste wenig. Im Gegenteil. Da werden sogar die Fäuste lahm.

Das Allerletzte war der Geier. Ließ sie zu sich rufen, dachte wohl, die große Walter sei ganz klein. Wollte sich endlich für alles rächen, sogar für den Reinfall mit dem Spruch an der Wand. Schaffte es auch fast und geilte sich dran auf.

Wenigstens konnte Walter ihren Wodka mitlaufen lassen, kroch wie ein wundes Tier in die Zelle und soff. Nicht wie ein Tier, nicht mal wie der Geier, sondern wie Walter. Ein Boss, dessen Stuhl zuletzt doch noch am Kippen war und diesmal vielleicht tatsächlich fallen würde.

Irgendwann kam irgendwer rein. Wär's eine Schluse gewesen, wär doch noch Bunker draus geworden. Es war Susanne.

„Hier!" Damit hielt sie ihr die Flasche hin. Dass sie sauer auf sie sein müsste, war im Nebel verschwunden. „Nimm auch einen."

Spitzig: „Nein danke!"

Okay, die Flasche war schon fast leer. Sie klopfte neben sich auf die Matratze. „Komm, setz dich zu mir." Klopfte nachdrücklich. „Ich geh dir auch nicht an die Wäsche, versprochen." Gut, dass ihr das noch eingefallen war. Sonst hätte Susanne sich garantiert *nicht* gesetzt.

„Ich fahr Karussell."

Susanne stand sofort wieder auf. Klar, die hatte gedacht, sie sitze auf einem Bett. Kam dann aber trotzdem wieder. Ein feuchter Waschlappen auf der Stirn kann echt hilfreich sein.

Zum Festhalten gab's auch wieder was, Susannes Hüfte, und einen wackligen Kopf verankert man am besten in einem Schoß.

Fast wär Susanne wieder aufgestanden. Dabei war's doch gar kein Karussell mehr, sondern ein Schiff, das über's Meer treibt und sachte schaukelt. Großer Himmel, Stern des Südens, sanfte Gitarrenklänge.

Sogar Susanne musste so was ähnliches gemerkt haben und fing an, den Kopf im Schoß zu streicheln.

„Fast wie mit meiner Mutter", murmelte Walter. „Ist das lange her."

„Lebt sie noch?"

„Als ich dreizehn war, ist sie gestorben. Aber da hat sie mich schon längst nicht mehr auf den Schoß genommen."

Ohne mit Streicheln aufzuhören: „Das war sicher ein harter Schlag für dich?"

„Ja, sie war eine fürsorgliche Frau. Kaum war ich geboren, hat mein Vater sie sitzen lassen. Sie musste sich ganz allein um mich und Andreas kümmern."

Beim Streicheln: „Du hast einen Bruder?"

Bei „Bruder" war's aus mit Südsee und aus mit Mutterschoß. Irgendwie brachen alle Dämme.

„Andreas ist der einzige Kerl, der mir was bedeutet, wir wollten uns nie trennen, er hat alles für mich getan, dann starb meine Mutter und wir mussten zu unseren Großeltern, Andreas hat mich getröstet und er hat sich vor mich gestellt, wenn mein Großvater mich verprügeln wollte, doch als er achtzehn war, hat er seine Sachen gepackt und ist verschwun-

Susanne lächelte mild. „Ich dachte, du lässt dein Training heute mal ausfallen."

Beste Freundin! Kaum hat man eingeschlagen, will sie über einen verfügen. „So weit kommt's noch! Geh von meinem Schrank weg!"

Das milde Lächeln wurde ein wenig steif. „Irgendwann *musst* du ja anfangen." Als sei's damit erledigt, murmelte sie wie beim Abhaken der Einkaufsliste: „Filzstifte brauchen wir noch ..."

„Ich lass mich von dir doch nicht wie ein Schulkind behandeln!" Nachäffend: „Jetzt buchstabieren wir alle mal A, B, C!"

„Gut!" lobte Susanne, als sei's ernst gemeint gewesen. „Und wie geht es weiter?"

„Vergiss es!"

Walter fetzte das Papier runter und knüllte es mitsamt den Klebestreifen zu einem Klumpen. Endlich konnte man das Sportzeug rauskramen.

Susanne kramte auch was raus, und zwar aus ihrer Handtasche, einen schwarzen Filzstift, ging zu ihrem eigenen Schrank, malte auf die blöde Papiertafel große Buchstaben und murmelte dabei vor sich hin.

„Was hast du gesagt?" fragte Walter drohend. „Lesben, verdammte!?"

Erschrocken: „Das habe ich *nicht* gesagt."

Noch drohender: „Und was steht *da*!?"

Lächelnd: „Da steht ‚LESEN'. Sonst müsste ein B drin rein." Schnell schrieb sie ein anderes Wort hin, tippte auf jeden Buchstaben und las vor: „L-E-S-B-E-N."

Eigentlich verdammt hübsch, dieses unsichere Lächeln.

Sofort machte Susanne weiter: „Fällt dir noch ein Wort mit L ein?“ Und sie lächelte auch weiter, hübsch unsicher. Wäre doch schade gewesen, dieses Lächeln auszuknipsen.

„Liebe?“ schlug Walter vor. Jetzt war *sie* unsicher, lächelte aber kein bisschen. Wer sich vorkommt, als schwimme er übers graue Buchstabenmeer, lächelt nie. Im Gegenteil.

Kurz drauf ließ sie sich nicht nur Buchstaben zeigen, sondern kritzelte selber welche, immer die, auf die Susanne zeigte. Zuletzt stand „LIEBE“ da.

Sogar Susanne war begeistert. „Siehst du, es geht doch!“ Machte aber sofort wieder weiter: „Und wie *heißt* das Wort?“

Und Walter las vor: „Liebe.“ Fast andächtig. Selbst geschrieben! Packte Susanne und tanzte mit ihr lachend ein paar Runden durch die Zelle. „Liebe, Liebe, Liebe ...!“ Sah hoch – und hielt inne.

Vivi stand da, Schulbücher unterm Arm.

„Liebe!“ rief Walter. „Vivi, ich kann ‚Liebe‘ schreiben!“

Vivi aber freute sich kein bisschen.

Verblüffte Nachfrage: „Was *ist* denn?“

Vivis tonlose Antwort: „Es ist aus.“

Zack! Tür zu und draußen.

Es dauert eben manchmal, bis man was kapiert.

Der erstaunliche Morgen hätte völlig gereicht. Jetzt auch noch der erstaunliche Abend. Dabei war *sie's* doch gewesen, die gedroht hatte – *„sonst ...“*

Wenn's dann aber durchgedrungen ist – ach du grüne Kotze!

21

So war Vivi schon einmal aus der Zelle gerannt. Direkt in die Arme von Zöllner, der Drecksau, damals. Und auch damals hatte sie gemeint, da laufe irgendwas mit Susanne. So ein Blödsinn. Und was war dabei rausgekommen? Eben. So'n Quatsch muss man wirklich bloß *einmal* machen. Außerdem – was hatten sie inzwischen nicht alles miteinander durchgestanden. Wenn das nichts half, halfen Lektionen auch nichts mehr.

Aber auch diesmal wollte jemand den Streit ausnutzen, nämlich Dagmar, die Leibsklavin, und zwar wollte sie Vivi anfixen, was ihr doppelten Vorteil gebracht hätte: eine sichere Kundin im Drogengeschäft und ein Schlag gegen Walter. Dass das verhindert wurde, war zwar mehr Zufall, aber immerhin. Nur nutzte es nichts. Am wenigsten Dagmar, weil Walter sie jetzt noch straffer hielt. Aber Dagmar war scheißegal. Es ging um Vivi. Und dafür, dass Vivi irgendwie immer besonders empfindlich auf Susanne reagierte, konnte Walter diesmal doch absolut nichts. Ehrlich!

Aber wenn schon alle meinten, sie sei zu grob, zu dumm, mehr Muskeln als Hirn, dann könnte man doch mal probieren, die neu erworbenen Fähigkeiten vorzuführen. Eine geistreiche Bemerkung hat ja schon manche Frau schwach gemacht, und manche hat sich an Klugheit erst richtig aufgegeilt. Da hatte sie bisher nur noch nicht mitziehen können. Jetzt aber konnte sie. Mit dem ersten Brief ihres Lebens, echt selbst geschrieben. Liebe beflügelt eben nicht bloß die Laune. Auch den Grips.

Nur stellte sich heraus, dass man mit Grips genauso in die Fresse kriegen kann wie bei einer Schlägerei, vielleicht sogar noch gemeiner, weil man sich nicht wehren kann, wenigstens nicht mit der Faust.

Dabei hatte doch auch Vivi immer wieder rumgemotzt, dass Walter bloß prügeln würde. Gerade Vivi hätte das also würdigen müssen. Aber die hatte eben eine Macke, wegen Susanne, wie gesagt.

Zuerst sah's fast harmlos aus, wie sie zum Flipper kam, wo gerade ziemlich Betrieb war. Dass sie den Brief gefunden hatte, war nicht zu übersehen, leider auch nicht zu überhören, denn sie las ihn vor. Peinlich vor allen andern. Aber bitte: das war auch nicht viel mehr als die offene Tür beim Liebesspiel.

„Liebe Vivi, ich liebe dich immer noch. Du fehlst mir in unserem Liebesnest. Ich möchte mit dir Fersöhnung feiern in meiner Zelle. Sag mir wann du kommst. Deine W."

Wirklich gut, für einen allerersten Versuch, oder? Hätte Vivi jetzt gesagt, wann sie kommt, wäre alles klar gewesen. Doch Vivi kreischte: „*So* einfach haben wir uns das also vorgestellt, was? Ein kleiner Schmierzettel, auf dem Madame Casanova mitteilt, dass sie gern Versöhnung feiern möchte.

Kleiner Sehnsuchtsanfall oder was? Vielleicht ist es dir aber auch nur zu langweilig geworden mit deiner neuen Zellenschlampe. Oder hat die inzwischen auch schon wieder ausgedient? Oder dachtest du vielleicht, wir probieren es mal zu dritt in deinem ‚Liebesnest'? Du glaubst doch nicht, dass ich noch *einen* Fuß in deine Zelle setze …"

Was für ein Auftritt! Zuletzt sind sie sogar auf der Galerie gestanden, um sich das Theater anzusehen. Beruhigend wollte Walter ihr die Hand auf die Schulter legen. Irgendwie musste man sie ja bremsen.

Doch Vivi kreischte: „Fass mich nicht an! Klar, dass dir das hier nicht gefällt. Aber ich hör auf, wann's *mir* passt. Und *ich* bin noch lang nicht fertig."

Nächster Bremsversuch, verständnisvoll: „Du fühlst dich verletzt – du hast Angst davor, austauschbar zu sein …"

Doch Vivi kreischte: „Hört-hört! Hat dir das deine oberschlaue Mätresse eingeflüstert? Ich glaub kaum, dass du in der Lage bist, dir diesen Scheiß selbst zurechtzulegen. Du quatschst doch jeden Mist nach! Und wenn wir schon mal dabei sind: was dir deine süße Lehrerin in Sachen Rechtschreibung beibringt, ist ja auch nicht gerade der Hit, aber vielleicht kapierst du's ja so: Versöhnung schreibt man mit V wie vögeln und nicht mit F wie ficken."

Dritter Bremsversuch, wütend: „Lass Susanne da raus! Du hast doch keine Ahnung! Ich *hab* nichts mit ihr. Das ist nur eine Freundschaft …"

Nutzte wieder nix. Vivi tat sogar so, als habe Walter tatsächlich nichts im Hirn als Sex. Hätte gerade sie besser wissen müssen, spätestens jetzt, Liebesbrief als Gegenbeweis. Also Vollbremsung. „Dann leck mich doch, du hysterische Ziege!“

Au Backe. Jetzt war's schlimmer als zuvor.

Gott sei Dank war Susanne inzwischen draufgekommen, dass ihr Rechtsanwalt und der Schwiegerdrache Marlies unter einer Decke steckten. *Deshalb* wollte Marlies keine Therapie erlauben, *deshalb* wollte sie die Kinder nie zu Susanne lassen. Sie wollte nur noch eins: Susanne hinter Gittern. Für immer. Und der Rechtsverdreher hatte dabei geholfen.

So eine Schweinerei muss man erst mal kapieren. Und als Nina das schließlich auch kapiert hatte, drehte sie durch und verschwand.

Die Kaltenbach ließ Susanne sogar im Fernsehen reden, für den Fall, dass Nina zufällig die Glotze anhatte und zusah. Weshalb die süße Susanne ihre süße Scheu in aller Öffentlichkeit über Bord warf. Die Rede dieser Mami an ihr Küken war echt zum Heulen.

Dass Vivi das fand, war sowieso klar. Vivi und Kind war schon immer *der* Hit gewesen. Also tat sie, was sie eigentlich hätte gar nicht tun dürfen, so sauer wie sie war: sie verschwesterte sich mit Susanne. Und ab da war sie bloß noch auf eine sauer, auf Walter.

Dass die Rede ans Küken zum Heulen war, fand aber nicht bloß Vivi, auch nicht bloß Walter, der's aber auch an die Nieren gegangen war, nein, das fand vor allem das Küken. Hatte die Glotze offenbar angehabt, stand ein paar Stunden später bei der Kaltenbach im Büro, erzählte von den Erpressermethoden des Schwiegerdrachens, und die Kaltenbach, endlich überzeugt, dass nicht Susanne die Therapie braucht, sondern Nina, genau wie Susanne von Anfang an gewollt hatte, versprach sogar, einen guten Therapeuten für Nina zu suchen und sich für die Wiederaufnahme von Susannes Prozess einzusetzen. Zwei Sachen also. Vom Geier hätte man nicht mal *eine* gekriegt.

Das Beste dran war trotzdem, dass Vivi und Susanne sich endlich ausgesprochen hatten.

Ein paar Takte dieses verschwesterten Geredes erzählte Vivi schließlich auch. Natürlich erst später.

Nach dem Fernsehauftritt habe sie Susanne trösten wollen und sei in die Zelle gekommen, habe den Baldachin angeschaut und gesagt: „Ich bin gern drunter gelegen. Das war immer ein bisschen wie Urlaub, wie in einer anderen Welt."

Susanne habe gefragt: „Du vermisst sie sehr, oder?" Sie habe geantwortet: „Ja, wir hatten hier eine schöne Zeit miteinander. Du weißt ja, Walter ist für jeden Blödsinn zu haben, und außerdem hab ich mich mit ihr eben irgendwie beschützt gefühlt." Da habe Susanne Walter eine „richtig gute Freundin" genannt und erklärt: „Versteh das richtig. Das hat nichts mit dem zu tun, was zwischen *euch* war, oder *ist*. Die Beziehung zwischen mir und Walter ist rein freundschaftlich, mehr nicht! Auf jeden Fall sollst du wissen, dass ich dir sehr, sehr dankbar bin ..."

Alles weitere dann wieder über Nina, klar, den Kopf habe Susanne gerade ja wo ganz anders gehabt. Aber genau deswegen hätte sie die ganzen Sachen über Walter und sich gar nicht erfinden können.

Sagte Vivi hinterher.

Zuvor aber war sie wie zufällig vorbeigekommen, hatte angehalten, als sei ihr was eingefallen, und gefragt: „Du würdest allerhand für Susanne riskieren, hm?“

Lügen will man ja nicht, in so einer Lage. Die Szene mit dem Liebesbrief war noch ganz frisch. Aber irgendwie klang Vivi plötzlich anders. Also gestand Walter ehrlich: „Mir liegt schon einiges an ihr.“ Schob aber sofort nach: „Okay, am Anfang hatte ich echt ein Auge auf sie, aber mittlerweile ist das einfach nur 'ne Freundschaft, verstehst du? Mit *uns* beiden ist das was ganz anderes.“

„Ist?“ fragte Vivi. Beinah zierlich. Jedenfalls süß.

Walter, unsicher, aber ehrlich: „Für *mich* jedenfalls bist du einfach die große Liebe, nach wie vor.“

Nichts da großes Trara und wütender Auftritt wie beim letzten Geständnis. Im Gegenteil: hübsches pausbackiges Lächeln, strahlende Augen.

Kein Mensch hätte wissen können, wieso. Woher auch? Die Story mit Susanne erzählte Vivi schließlich erst später. Aber auch wenn man sich die Umschwünge der Frauen mal nicht erklären kann, sollte man sie verdammt ernst nehmen. Vor allem am Schopf packen.

Weshalb Walter zu schmunzeln anfing. „Wirklich *zu* schade, dass wir nichts mehr voneinander wissen wollen. Wir waren doch immer ein ganz hübsches Paar, findest du nicht?“

Endlich lachte Vivi wieder laut heraus. „Ja, zumindest die *eine* Hälfte davon.“ Nahm Walter in den Arm und küsste sie.

Versöhnung ist spitze, ehrlich.

22

Und eines schönen Tages ging Walter in den Gruppenraum, wo Susanne Tische abwischte, nahm einen Lappen und wischte ebenfalls. Weshalb Susanne fragte, ob sie krank sei oder so was ähnliches. Worauf Walter das Wischen Wischen sein ließ und sich, Lappen in der Hand, dicht vor Susanne aufbaute. Die dachte womöglich an die nächste Anmache. Doch Walter fragte: „Was würde eigentlich passieren, wenn Vivi wieder zu mir in die Zelle zieht?"

Susanne sah nicht gerade glücklich aus. Dafür würde sie wieder bei Dagmar einziehen müssen. Wer wohnt schon gern mit einer Schlange zusammen? Susanne aber war schon immer rücksichtsvoll gewesen. Deshalb fragte sie als nächstes, wenn auch traurig: „Soll ich dir bei dem Antrag helfen?"

„Nicht nötig", gab Walter zurück. So gut konnte sie's inzwischen selber. Und fügte hinzu: „Die Kaltenbach hat bereits zugestimmt." Nur als Beweis, wie gut sie's konnte. Zugegeben, ein bisschen mies war's schon. Aber immerhin hatte sie Susanne gefragt. Anderen hätte sie befohlen. Bei Susanne verbot sich das inzwischen irgendwie.

Susanne, noch trauriger: „Wann soll's denn losgehen?“

„Am besten sofort.“

Da senkte Susanne zuerst die schönen Augen, dann den schönen Kopf. Zustimmung also, wenn auch unglücklich.

Erleichtert küsste sie Susanne auf die Wange: „Du bist klasse!“ Drückte ihr den Lappen in die Hand und ging davon.

Endlich war wieder alles wie zuvor: Walter und Vivi unterm Baldachin, heiß vereint.

Bald drauf wurde aber noch etwas anderes heiß. Uschi behauptete nämlich, Dagmar, das Aas, deale, und zwar trotz Verbot. Außerdem hatte sie, und das war nicht zu übersehen, irgendeinen Krawall mit Katrin, in den vermutlich auch der Arsch Goran, Anstaltspsychologe, verstrickt war. Walter wollte Katrin mal eingehender befragen, beim Nachtisch, Pudding. Katrin schob höchst unschuldig das erste Löffelchen rein und hatte plötzlich Blut im Maul. Wegen Glassplittern im Pudding.

Tags drauf, Silke war noch am Aufsperren, hatten sich vier der fünf Wissenden bereits in der Nachbarzelle versteckt, bis Susanne Richtung Bad abmarschiert war. Die fünfte Wissende, Daggi-Maus, war nicht schlecht geplättet, so früh am Morgen so entschlossenen Besuch zu kriegen.

Wortlos drückten Vivi und Uschi sie an die Wand, Walter und Regine filzten, wortlos, und Regine wurde fündig: drei Beutelchen Koks, wortlos.

Endlich machte Uschi den Mund auf. „Wir haben deinen Mord an Zöllner unter der Bedingung gedeckt, dass du mit der Dealerei aufhörst.“

Walter schnappte das Zeug und ging mit ihm aufs Klo, wortlos. Man kann mit allerhand aufs Klo gehen, Zeitung, dicker Roman, Freundin. Aber wenn man mit fremdem Koks hingeht, vor allem wortlos, ahnt der Fremde Übles. Zu Recht.

Walter stellte den Fuß auf die Kloschüssel, Dagmar sank zwischen Toilettenpapierrolle und Toilette auf die Knie. Wortlos riss Walter das erste Tütchen auf und ließ den Inhalt ins Klo rieseln.

„Hör auf damit!“ rief Dagmar, blass vor Schreck. „Hast du ’ne Ahnung, was das wert ist!?“

„Was bietest du?“ fragte Walter und ließ es rieseln.

„Ich“, stotterte Dagmar, „ich ...“ Und bot das höchste, was so ein Aas bieten kann: „Ich beteilige euch am Gewinn!“

Walter musste ganz danach ausgesehen haben, als sei dieser Vorschlag überlegenswert. Jedenfalls blaffte Uschi: „Schmeiß einfach alles rein und zieh ab, damit das Zeug endlich weg ist.“

Schulterzucken Richtung Dagmar: *dein* Pech. Das nächste Beutelchen.

Dagmar winselte; „Hör auf, ich bitte dich, was verlangst du, was soll ich tun ...?“

Es rieselte, schön langsam.

Daggi-Maus heulte: „Walter!“

Das Rieseln hörte auf, Walter hielt ihr einen Fuß vor die Nase und befahl: „Söckchen runter!“

Vivi, die mit den beiden anderen unter der Tür stand, begann zu lächeln. Und Dagmar hielt’s für einen blöden Witz.

Es rieselte.

Also zog Dagmar Walter die Socke aus und wartete.

Das Rieseln hörte auf. „Küss mir die Füße!“

Dagmar prallte zurück. „Davon kannst du lange träumen!“

Es rieselte – und Dagmar küsste.

„Ein Traum wird wahr!“ lachte Walter, kippte das Zeug vollends ins Klo und zog die Spülung.

„Du Schwein!“ zischte Dagmar. „Dafür wirst du büßen!“

Walter schob gemütlich ab.

Von hinten: „Ich bring dich um!“

„Das“, sagte Walter ungerührt über Schultern, „haben schon ganz andere probiert!“

Draußen meinte Uschi: „Ich glaub, du unterschätzt Dagmar! Sie meint es ernst!“ Womit Uschi Recht hatte, aber Walter lachte bloß. Weswegen Vivi Schiss hatte – und Walter das Leben rettete.

Bei der Bügelmaschine. Also genau bei dem das Ding, das schon einmal für Aufregung gesorgt hatte. Diesmal wäre *Walter* verschmort, und zwar komplett, nicht bloß die Hände. Hätte Vivi nicht im letzten Augenblick das Kabel gesehen. Dagmar hatte die ganze Maschine unter Strom gesetzt.

Walter brüllte: „Friese, du Ratte!“ Und packte sie am Kragen.

Und die Ratte zappelte. „Habt ihr sie nicht mehr alle? Du hast selber gesagt, dass ich nachsehen soll, warum die Maschine nicht mehr läuft. Was deine hysterische Ziege draus macht, ist doch völliger Quatsch!“

„Ich geb dir gleich, ‚hysterische Ziege‘ …“

Aber klar, in der Wäscherei hat’s Schlusen, und Schlusen stören. Diesmal war’s eben Kittler, der Schmierling.

Hinterher lachte Walter bloß: „Wenn die glaubt, so'n Kurzschluss haut mich um, täuscht sie sich gewaltig."

Vivi, aufgeregt: „Das ist Starkstrom, der haut dich *sofort* um!"

Doch Walter lachte weiter. Seit sie wieder völlig mit Vivi zusammen war, fühlte sie sich wunderbar. Echte Liebe stört eben nicht *immer*, sie macht einen unverletzlich, echt.

Trotzdem wurde auch Uschi immer besorgter. „Wenn du Kopf und Kragen riskierst, ist das *deine* Sache. Wenn dir aber wegen Dagmar wirklich etwas passieren würde, wird die ganze Geschichte mit Zöllner zuletzt doch noch aus den Fugen geraten."

„Für den Fall meines Abgangs würd mich das kaum kratzen!" lachte Walter. „Mach dir mal nicht gleich ins Höschen. Kümmer *du* dich um *deinen* Verein. Dagmar gehört zu *meinem* Club und *ich* werd schon mit ihr fertig!"

Aber das nächste, womit Uschi ankam, war die Neuigkeit, dass eine Pistole auf die Station geraten war. Musste mit Katrin und Goran zusammenhängen.

Davon war sogar Walter beeindruckt: „Kein Scheiß? Ne echte Wumme?" Also eher aus sportlichem Interesse. Den Rest wiegelte sie wieder ab: „Dagmar und 'ne Knarre! Und wenn schon, die ist doch zu blöd, mit so 'nem Ding umzugehen!"

Irgendwie schwebte sie über allem. Immerhin fragte sie, während sie am Abend untern Baldachin kroch: „Ist dir irgendwas bei der Friese aufgefallen?"

„Natürlich!" Vivi sah aus, als sei Walter jetzt vollends verblödet. „Die versucht dich abzumurksen!"

„Das ist der Vorteil am Knast", grinste Walter. „Die Türen sind fest verschlossen und es gibt sogar einen Wächter, damit wir in Ruhe träumen können."

„Du spinnst!" rief Vivi erschrocken. „Die legt dich um, bevor du auch nur piep gesagt hast." Und fügte leise hinzu: „Was soll ich denn machen ohne dich?"

Richtig lieb. „Ich pass schon auf", brummte Walter und strich ihr die Strähne aus dem Gesicht. „Außerdem hab ich doch einen ganz süßen Schutzengel, da *kann* mir doch gar nichts passieren."

Es passierte natürlich doch – nur war dieser süße Schutzengel diesmal nicht zur Stelle.

Denn als Walter Dagmar kurz vor Schichtende ins Lager zog und Vivi hinterher wollte, befahl Dahnke, sie müsse zum Essen wie die andern, zwei Leute zum Lageraufräumen würden reichen: „Andraschek, wird's bald!"

Walter war mit der Schlange allein. Aber diesmal wand sich die Schlange kein bisschen, im Gegenteil. Mit falschem Lächeln teilte sie mit: „Da fällt mir ein – hab ich dir eigentlich gesagt, dass mir beim Putzen deine Zahnbürste ins Klo gefallen ist? Aber ich hab sie gleich wieder zurückgestellt."

„Und du", knurrte Walter und packte sie am Kragen, „du wirst ab heut gar keine Zahnbürste mehr *brauchen.*" Zerrte sie an den Haaren zur Bügelmaschine und legte den Schalter um. „Also, wo *ist* die Knarre? Ich bügel dir jede einzelne Falte aus der Fresse!"

„Nicht nötig", tönte die Friese süß, und Walter starrte in den Lauf der Pistole.

Sie ließ Dagmar fahren, wich zurück, stolperte über ein Wäschepaket und murmelte: „Falls es dir noch niemand gesagt hat, die Dinger da machen einen Heidenlärm. Dahnke wird …“

„Schnauze“, zischte Dagmar. „Glaubst du, ich bin blöd?“ Und schlug zu. Mit der Pistole. Stahl auf Nase und Kinn. Blut tropfte. Walter ging in die Knie.

Und da kniete sie wie vor dem Scharfrichter, wie damals im Bad. Aber diesmal reichte Dagmar nicht hilfreich das Handtuch, diesmal drückte sie es ihr ins Genick und setzte die Pistole an. „Man hört gerade mal ein kurzes Plop. Wie wär's, wenn du dich zum Abschied noch ein wenig entschuldigst? Für den Scheiß, den du gebaut hast.“

Irgendwie hatte sie sich das Ende immer anders vorgestellt. Nicht unbedingt friedlich, aber doch in aufrechtem Kampf Mann gegen Mann. Wäre sie da an einen Stärkeren geraten, wär's okay gewesen. So einer hätte sich aber erst mal finden müssen. Stattdessen hatte sich Dagmar gefunden, das Aas, die Ratte, die Schlange. Die hätte man jederzeit zertreten können. An der war bloß dieser blöde Ballermann stark …

Uschis Stimme von hinten: „Du kannst wieder aufstehen, Walter. Sie blufft.“

Verblüfft rappelte sie sich hoch. Da standen die beiden, Dagmar hatte die Knarre auf Uschi gerichtet, und Uschi blieb ganz cool.

Walter wischte das Blut ab. „Kann mir mal einer erklären, was das Ganze soll?“

„Die Waffe ist leer“, teilte Uschi freundlich mit. „Und *ich* hab die Patronen." Nahm Dagmar mit einem Ruck die Pistole weg, steckte sie ein, deutete auf Dagmar, nickte Walter zu: „Sie gehört dir." Und war draußen.

Vivi flippte trotzdem aus, während Walter in der Zelle ein neues Sweatshirt überzog. Das alte hatte ein wenig gelitten, nichts im Vergleich zu Dagmars Gesicht.

„Und wenn die *doch* scharf gewesen wäre!? Dann hätte sie abgedrückt! Den Zöllner hat sie auch kaltgemacht, und es war ihr scheißegal, wie's danach weitergeht!"

Nachdem Vivi die kaputte Nase versorgt hatte, brummte Walter beruhigend: „Jetzt lass mal gut sein. Die Schlampe wird sich in den nächsten Tagen im Spiegel gar nicht mehr erkennen. Die weiß, dass sie verloren hat."

„Bis sie sich was Neues einfallen lässt!"

Walter funkelte sie an, amüsiert, noch immer erschrocken, vor allem aber zärtlich: „Wenn's dich beruhigt, ich werd ab jetzt ..." Aber was denn bloß? „... vorsichtiger sein." Bekräftigt mit einem herzhaften: „Versprochen."

Womit alles geklärt schien. War's aber nicht. Zumindest nicht die Sache mit der Bleispritze. Die hatte Uschi, samt Patronen, und das musste unbedingt auch noch geklärt werden.

Derlei bespricht man am besten im Bad. Tagsüber war da keine Sau, männliche Schlusen hatten ohnehin keinen Zutritt. Und Überwachungskameras – an so eine Sauerei, ausgerechnet hier, brauchte man kaum einen Gedanken zu verschwenden.

Aber wer stand da neben Uschi, als Walter zur Lagebesprechung kam? Regine, kühl, gelassen, von oben herab, wie immer.

Also drei der fünf Wissenden. Die vierte war gerade wohl dabei, ihr Gesicht zu flicken. Und die fünfte war nicht hinzugezogen worden. Uschi und Regine erinnerten sich vielleicht noch zu genau, wie Vivi in ihrem Gefühlsüberschwang immer gestört hatte, damals. Was Walter inzwischen kein bisschen mehr gestört hätte. Schließlich war das Vivi. Außerdem: Frauen sind eben, wie sie sind. Grad deshalb ist's der Mann, der die wichtigen Sachen klärt. Männer sind eben auch, wie sie sind. Und diesem Mann passte als erstes nicht, dass Uschi Regine mitgebracht hatte. Das war nicht unbedingt was gegen Regine, aber Uschi sollte sich endlich mal dran gewöhnen, bei wichtigeren Sachen vorher nachzufragen. Die meinte wohl, weil *sie* die Dealerei und die Pistole entdeckt hatte, dass Walter zu sehr mit Vivi beschäftigt sei und die wichtigeren Sachen *ihr* überlassen hätte.

Derlei lässt sich richtig stellen: „Dagmar hatte die Knarre, und was ihr gehört, gehört automatisch mir. Also, her mit dem Ding!"

Die beiden kamen mit lauter Wenns und Abers, wollten die Pistole wieder Goran zustecken, weil der sonst die ganze Station aufmischen würde. Nach wildem Hin und Her entschied Regine: „Wir geben sie zurück und die Sache ist ad acta." Und Uschi nickte zufrieden: „Das wird das Beste sein."

„Das wird so ziemlich das Dümmste sein", knurrte Walter. „Aber die hohen Richter sind sich ja schon einig!" Schließlich hatte Uschi eben erst Vertretung in Sachen Schutzengel gespielt.

Damit war auch diese Sache geklärt. Weiteres Unheil mit dem Ding war ausgeschlossen.

Trotzdem war das nächste wieder mal ein Toter, sogar fast so etwas wie eine Schluse, nämlich Goran, der Seelenklempner. Nicht wegen der Knarre. Der hatte sich in seinem Behandlungszimmer aufgehängt.

Hinterher berichtete Uschi knapp: sie sei zu Katrin in die Zelle gekommen, um das Ding abzuliefern, damit Katrin es Goran geben könnte. Der sei aber schon da gewesen, habe sich gerade die Hose zugeknöpft, und Katrin sei halb nackt, heulend, zitternd und blutverschmiert auf dem Bett gelegen. Klarer Fall. Sie wäre sofort wieder zur Tür raus, aber Goran habe sie vollends reingezerrt, umgeworfen, dabei sei ihr die Pistole aus der Tasche gerutscht, Katrin habe sich draufgehechtet und Goran niederknien lassen, genau wie Walter vor Dagmar, nur hätten diese beiden geheult und Katrin habe abgedrückt. Kein Plop, nur ein Klick. Man wüsste ja nie, was mit so einem Ding alles passieren kann, jedenfalls habe sie, Uschi, die Patronen vorsorglich noch draußen gelassen gehabt. Goran sei rausgestürzt, kurz drauf sei die Jacoby reingestürzt, ein kurzer Blick auf Uschi mit der völlig fertigen Katrin im Arm, alles klar.

Den Rest wusste Walter selber, schließlich standen alle da, auch die versammelten Schlusen, und sahen zu, wie wieder einmal ein Sarg abtransportiert wurde. Soweit alles klar.

Und noch etwas war klar, während der Leichenwagen seinen und Gorans Abgang machte: Station B der Justizvollzugsanstalt Reutlitz hatte Zuwachs bekommen, keinen lebendigen diesmal, im Gegenteil – einen stählernen.

Eine Pistole.

23

Pistolen in den Händen von Räubern, Dieben und Mördern sind nicht ganz ungefährlich.

Räuber, Diebe und Mörder wissen das aber auch. Vor allem, wenn so besonnene drunter sind wie Uschi. Die *beließ* es nämlich bei der Teilung in Schießeisen und Patronen. Die Knarre behielt sie selbst, das Magazin übergab sie Walter. Damit war endlich klar, dass Uschi Walter auf gar keinen Fall loswerden wollte. Sie brauchte Walter sogar. Und Walter fand Uschi inzwischen nicht nur hilfreich, sondern hin und wieder sogar richtig nett. Gewaltenteilung, wie gehabt, inzwischen aber in bestem Einverständnis.

Dabei hätten sie sich keine Sorgen machen müssen, auch Vivi nicht. Denn der Fall Dagmar Friese löste sich ganz von selbst. Zumindest ohne Nachhilfe von Walter, weshalb Vivi auch nicht mehr Lebensretterin spielen musste.

Dagmar hätte sowieso keiner mehr retten können. Einer probierte es zwar, kam aber zu spät. Und zwar eine neue Schluse, Frank Gitting mit Namen. Man wusste wahrhaftig nicht, ob *er* schlimmer war oder Zöllner, dessen Platz Gitting einnahm. Gitting war zwar völlig anders, vor allem nicht so brutal, äußerlich wenigstens. Dafür war er unheimlich. Ein leisetreterischer hinterfotziger Schleimscheißer, der von Recht und Ordnung faselte, von Anstand und Vertrauen. Dabei kannte Regine ihn vom Sicherheitsgefängnis Preekow her und sagte den anderen von Anfang an, was man von dieser Schleichkatze zu erwarten hatte.

Der Rettungsversuch, den dieses miese Stück Scheiße der Friese angedeihen ließ, hatte mit der Pistole übrigens überhaupt nichts zu tun. Die war bis dahin längst wieder draußen, als Beweismittel. Denn damit hatte Uschi, die besonnene und meist gewaltlose Ursula König, den Liebhaber ihrer Tochter Sonja erschossen. Auf Sonjas Beerdigung. An der dieser Liebhaber schuld war.

Walter hatte eigentlich Krach mit Uschi gehabt, weil der Geier Uschi zur Vorarbeiterin in der Wäscherei gemacht und Uschi Vivi wegen einer Lappalie in der Bunker gesteckt haben sollte. War aber der Geier selber gewesen. Wollte Streit zwischen Walter und Uschi anzetteln, damit die beiden nicht *zu* gut zusammenarbeiteten, vor allem aber damit Uschi keine Bewährung kriegen sollte. Zur Versöhnung hatte Walter Uschi vor dem Freigang zur Beerdigung das Magazin übergeben.

Vivi hatte Walter für völlig übergeschnappt erklärt, und wieder mal zu Recht. Denn als Sonjas scheinheiliger Liebhaber mit so einem großen Herz aus roten Rosen auf der Beerdigung erschienen war, hatte Uschi ihn gefragt: „Sind Sie Marc Schneider?“ und er hatte genickt. Diesmal war’s kein Klick gewesen, auch kein Plop, sondern ein Schuss, wie sich’s gehört.

Aus war's mit den Bewährungsträumen. Der Geier hatte doch noch gewonnen. Und als Uschi nach dem ganzen Rummel wieder auf die B kam, war's auch aus mit der Gewaltenteilung. Uschi war zwar wieder anwesend, aber trotzdem irgendwie abwesend. Sie gab ihrem Mann, der schließlich *auch* die Tochter verloren hatte, den Laufpass, lief sogar bei schlechtem Wetter mit Sonnenbrille rum, glotzte nachts irgendwann bloß noch mit dem Fernrohr in die Sterne – und Walter hatte keinen anderen Boss mehr neben sich.

Eine der fünf Wissenden war also abgetreten, innerlich zumindest. Da waren's nur noch vier.

Die nächste war nicht etwa Dagmar, sondern Regine. Weil ihr keiner gegen Gitting beistehen wollte, spuckte sie ihm eines schönen Tages ins Gesicht und beantragte die Verlegung in einen anderen Knast.

Da waren's nur noch drei.

Und eines noch viel schöneren Tages brachte Mutz Gitting dahinter, dass das Klopfen in den Mauern nicht die Heizungsrohre sind, sondern das Böse, das noch immer in den Mauern steckt. Sprich: Dagmar. Was Mutz zwar so nicht gemeint hatte, was aber so war.

Denn Gitting befahl den Handwerkern, den Schacht vom Lastenaufzug zur Küche, den sie ein paar Tage zuvor zugemauert hatten, wieder aufzuschlagen. Und was fand man da? Ein irr kicherndes Bündel, halb verhungert, drei viertel verdurstet, blutverkrustete Finger ohne Nägel. Hatte versucht, die Mauer aufzureißen. Natürlich vergebens.

Reingeschmissen hatte sie Katrin, vermutlich noch immer

sauer wegen der Pistole. Hatte Dagmar ihr ja geklaut gehabt. Außerdem garantiert wegen Rauschgift. Die zwei waren ja immer damit aufgefallen: Dagmar die Dealerin, Katrin die Abnehmerin. Dagmar hatte Walter sogar plötzlich fünf Riesen geboten, um sich aus der Leibeigenschaft loszukaufen. Die hatten schließlich auch irgendwo herkommen müssen. Vivi hatte Walter verboten, das dreckige Geld zu nehmen. Wenn's um solchen Kleinkram ging, hatte Vivi Walter aber noch nie was zu verbieten gehabt. Walter hatte das Geld also genommen und Dagmar als Sklavin behalten.

Nach ein paar Tagen war's dann sicher: Dagmar war der Leibeigenschaft endgültig entkommen. Sie war in der Irrenanstalt und würde auch nie wieder rauskommen. Tagelang im stockfinsteren Schacht wie in einem Grab, den sicheren Tod vor Augen – das übersteht selbst *so* eine Schlange nicht ohne bleibenden Schaden.

Da waren's nur noch zwei.

Und diese beiden, von der ständigen Bedrohung befreit, konnten unterm Baldachin turteln, wie ihre Herzen begehrten. Ihre Körper natürlich auch. Klar.

Der Fall Zöllner war abgeschlossen. Und zwar endgültig.

Der würde auch nie wieder ein Nachspiel haben.

Endlich wäre tatsächlich alles bestens gelaufen.

Hätte es nicht *einen* Fall gegeben, der immer noch nicht abgeschlossen war.

Nicht Susanne – die war mit der Wiederaufnahme ihres Prozesses beschäftigt, vor allem mit ihrem Anwalt, Maybach, der sich nebenbei auch noch rührend um Susannes Bälger kümmerte, um Nina und Martin. Weshalb Susanne vom ihm, ihrem Anwalt, bald darauf per Vornamen sprach, Thomas. Wobei ihre Augen leuchteten. Keine Chance mehr für Walter, und auch kein Interesse mehr.

Auch nicht das ewige Hickhack zwischen Jutta Adler, dem Geier, und Evelyn Kaltenbach, dem Nachwuchs aus dem Mädchenpensionat mit Hang zu humanem Strafvollzug. Die fiel nämlich irgendwann die Karriereleiter rauf und zog wieder ab, ins Justizministerium, und Jutta rückte zur kommissarischen Leiterin auf, wie zu Beginn, bald drauf sogar zur ordentlichen Direktorin.

Weswegen es diesmal Walter war, die sich warm anziehen musste. Waren sie und der Geier ja aus einigen Gründen nicht gerade gut aufeinander zu sprechen. Und die miese Schleichkatze Gitting entpuppte sich alsbald als des Geiers stärkster Verbündeter. Wenig später allerdings als des Geiers gemeinster Konkurrent.

Nein. Etwas ganz anderes. Was schon längst gesagt ist und eigentlich jedem klar sein müsste.

Eine katastrophale Kombination.

Vivi und Baby.

Natürlich.

24

Denn Jutta Adler, der Geier, inzwischen alleinige Herrscherin aller Schlusen, räumte mit dem humanen Strafvollzug so gründlich auf, dass sogar die Schlusen stöhnten. Außer Gitting natürlich. An wen verlor die nette Silke Jacoby also den Job als Leiterin von Station B? Eben.

Ausgangssperre, Zellenfilze, Bunker. Sogar Ilse, die an Klaustrophobie oder so was litt, was nichts anderes meint, als dass sie eingesperrt durchdreht. Weil sie keine Luft mehr bekam. Und zurzeit war's schließlich allein Walters Ding, diesen Wahnsinn zu stoppen.

Vor der nächsten Filze also standen Walter und Vivi an der Zelle und verstellten die Tür. Nicht ängstlich, obwohl die fünftausend von Dagmar noch im Versteck lagen, sondern gespannt.

Jutta betrat die Station: „Dann woll'n wir mal!" Die Herrscherin eben, zum Kotzen. Genau wie ihre Ansprache an das hochverehrte Publikum: „Ich weiß, dass Ihnen Zellenkontrollen keinen Spaß machen. Aber wenn wir jetzt öfter welche haben, gewöhnen Sie sich dran."

Jutta plusterte sich also auf, trat vor Walter hin, musste aber ziemlich weit rauf gucken, und verkündete mit besonders eiserner Stimme: „*Ihre* Zelle werde ich mir höchstpersönlich vornehmen!"

„Wir fühlen uns geehrt", konnte man darauf bloß sagen und den Eingang freigeben. „Darf ich vorgehen?"

„Nicht nötig!" Gnadenlos stakste Jutta hinein. Aufschrei, Gepolter. Walter und Vivi rannten hinterher, da saß der Geier schon, mitten auf dem Boden, uniformierter Arsch in Duschgel.

„Hingefallen?" Walter klang höchst besorgt. „Warten Sie, ich helfe Ihnen!" Und sie nahm den Geier von hinten unter den Armen und hob ihn hoch, wobei er mit den Hinterbeinen strampelte, während Vivi mit entschuldigendem Schulterzucken die ausgelaufene Flasche aufhob.

„Alles noch dran?" fragte Walter todernst und klopfte den Geier ab. „Oder sollen wir Dr. Beck rufen?"

„Hören Sie auf mit dem Quatsch!"

Inzwischen stand die halbe Station vor der Tür und lachte lauthals, Gitting drängelte sich durch und rief dienstbeflissen: „Frau Adler! Was ist passiert?" Immer mit diesem schmierigen, unterwürfigen, falschen Ton.

Doch Jutta hatte nicht die Absicht, sich um Gitting zu kümmern. Mit wutbebender Stimme zu Walter: „Das wird Ihnen noch Leid tun, das versprech ich Ihnen!"

Walter erstaunt zu Gitting: „Ich hab ihr nur hoch geholfen." Und zu den feixenden Frauen vor der Zelle: „Mann, haut ab, hier gibt's nichts zu sehen. Frau Adler hat sich beinah verletzt!"

Jutta kriegte wieder dieses Grinsen ins Gesicht, das an Kühlfächer erinnert: „Großer Fehler, Walter. Ganz großer Fehler!"

Gnadenlos stakste sie hinaus. Total verschmierter uniformierter Arsch.

Walter besorgt zu Gitting: „Meinen Sie, das ist der Schock?"

Gitting aber deutete streng auf die Pfütze: „Macht das weg." Und eilte seiner Herrscherin hinterher.

„Ist doch logisch!" gab Walter ihm mit auf den Weg.

Kaum war er fort, prustete sie los, riss sich noch mal zusammen und rief nach draußen: „Und die Haftraumdurchsuchung, die machen wir dann später ..." Da konnte auch sie nicht mehr, hockte sich neben die japsende Vivi und schüttete sich aus vor Lachen.

Nur – als sie am Abend in die Zelle kamen, gab's kein Doppelbett mehr und auch keinen Baldachin, die Betten standen nicht einmal mehr nebeneinander, sondern eines mit der Längsseite zur Wand, das andere mit der Kopfseite.

„Ich fass es nicht!"

„Was soll's", tröstete Walter. „Wenn *das* die Rache sein soll, war's den Spaß wert. In fünf Minuten haben wir das wieder."

Aber die Betten rührten sich keinen Millimeter. Eisenwinkel, vier Stück an jedem Bein, sauber verschraubt, in den Betten und im Boden.

„Okay", knirschte Walter. „Die Alte will Krieg? Den kann sie haben!" Zerrte die Matratzen aus den Gestellen und wollte sie nebeneinander legen. Ging aber nicht. „Fuck! Das haben die doch abgemessen, die Schweine!"

Von hinten ertönte eine kotzhöfliche Stimme: „Ein Haftraum hat so auszusehen, wie es in der Hausordnung festgelegt ist.“ Gitting natürlich. So eine ausgeklügelte Fiesheit, die konnte bloß diese neue Schluse ausgeheckt haben. Regine hatte wohl doch Recht gehabt, zum letzten Mal allerdings. Wenigstens in Reutlitz.

„Du pumpst dich seit neuestem ganz schön auf. Hat die Adler dich befördert?“

„Wenn Sie meinen, ob ich von Frau Adler mehr Kompetenzen bekommen habe“, blieb Gitting eisern höflich: „Ja.“

„Ach so“, schnodderte Walter. „Also, wenn die Adler jetzt der Kopf von Reutlitz ist, sind Sie der Arsch.“ Immerhin per Sie.

Und Vivi sekundierte: „Jedenfalls macht's ihm Spaß, uns anzuscheißen.“

„Sie müssen zwischen der Amtsperson und der Privatperson trennen“, erklärte Gitting mit schleimiger Nachsicht. „Spaß habe ich nach Feierabend.“ Noch immer sehr höflich: „Sehen Sie zu, dass Sie die Matratzen wieder in die Betten kriegen. In fünf Minuten ist Einschluss!“

Zehn Minuten später standen Walter und Vivi noch immer mit verschränkten Armen da. Nicht *in* der Zelle. Davor. Dahnke konnte brüllen, so laut er wollte.

Darauf hatten Jutta und Gitting wohl nur gewartet. „Was sollen die Mätzchen!?“ schnappte der Geier. „Sie sind seit fünf Minuten überfällig!“

„Das *ist* nicht unsere Zelle“, behauptete Walter kühl.

„Ach nein?“ säuselte Jutta höhnisch.

Vivi, trotzig: „Uns wurde erlaubt, die Zelle einzurichten, wie *wir* es wollen."

Diesmal sekundierte Walter: „Und wir gehen erst rein, wenn's da wieder aussieht wie vorher."

Jutta, plötzlich scheißfreundlich: „Deshalb müssen Sie doch aber nicht gleich so eine Szene veranstalten. Lassen Sie uns in Ruhe drüber reden!" Wies einladend zur Tür. „Na kommen Sie, ich verspreche Ihnen, wir finden eine Lösung!" Und setzte sich in Bewegung. Vivi hatte Walter schon immer den Vortritt gelassen, und Walter hatte sich noch nie groß um Höflichkeit gekümmert. Also ging sie als Erste rein.

Tür zu, Schlüssel rum. Walter drin. Vivi draußen.

Die ganze Nacht.

Walter wusste natürlich genau, wo sie Vivi hingesteckt hatten. Daggi-Maus war ja in der Klapse, bei Susanne war Platz. Und genau dort kreuzte sie am Morgen auf, noch bevor Vivi aus dem Bett gekrochen war. „Du pennst hier bei Susanne und ich kann alleine in meiner Koje verfaulen. Scheiß Adler! Die will uns auseinanderbringen!"

Vivi streckte die Arme aus. „Mach lieber die Tür zu und verplemper nicht die Zeit. Komm her …"

„Ruckie-Zuckie-Quickie zwischen Tür und Angel?" knurrte Walter. „Nee danke! Nicht hier bei deiner Grundschulmutti."

Vivi sah verdutzt aus. „Du bist doch nicht etwa eifersüchtig?"

„Da kann ich ja nur kichern!" tönte Walter wegwerfend. „Ihr quasselt doch eh nur die ganze Zeit über ihre Gören."

Vivi und Baby? Ach du Scheiße. „Hoffentlich kommst du dabei nicht wieder auf deinen Mutterschaftstrip!"

„Kannst dir gar nicht vorstellen, dass Susanne und ich auch noch über war anderes reden, hm?" Vivi klang irgendwie fast spöttisch.

„Ach nee!" Jetzt klang Walter spöttisch. „Erzähl mal!"

„Na ja", grinste Vivi frech. „Zwei Frauen nachts allein im Bett ..."

„Ach komm!" prustete Walter. „Die hat doch längst vergessen, dass man da was anderes tun kann als pennen."

„Täusch dich mal nicht!" Vivi war plötzlich ernst. „Ich glaub, unter ihrer sanften Oberfläche ist Susanne ganz heiß."

Darüber lachte Walter sogar noch am Abend, beim Duschen nach der Mittagsschicht. Dabei standen sie zufällig wieder direkt nebeneinander, wie damals, ganz zu Anfang: Susanne knabenhaft, Walter mächtig, Vivi üppig. Genau in dieser Reihenfolge.

Als Susanne rausgegangen war, spottete Walter: „Na, beeil dich mal – ihr wollt euch doch jetzt sicher ins Bett kuscheln und Kinderfotos gucken, oder?" Und stichelte: „Ne Lesbe und 'n Muttertier – gemütlich!"

„Du bist ja *doch* eifersüchtig!" Über Vivis Gesicht breitete sich das hübsche breite Lächeln aus.

„Gib dir keine Mühe, Schätzchen!" Walter souverän. „Selbst wenn Susanne wirklich 'nen Hormonstau hat – *du* wirst ihr da kaum helfen können, *die* bringt nur 'n Kerl wieder in die Gänge."

„Wieso bist du da so sicher?" Diesmal klang Vivi fast ein

wenig ärgerlich. „Ich hab ja *auch* mit dir geschlafen, weil's hier keine Männer gibt!"

Ach so? Fast eine Beleidigung. Sollte Vivi eigentlich besser wissen. Also tönte Walter noch großartiger: „Wenn nicht mal *ich* sie geschafft hab …"

„… kann *ich's* ja mal probieren!" stichelte Vivi weiter. „Vielleicht warst du einfach nicht ihr Typ?"

Also protzte Walter: „*Du* kommst nicht einmal auf ihre Bettkante!"

„Wollen wir wetten?" schlug Vivi vor.

Die konnte wohl einfach nicht zugeben, dass sie im Unrecht ist. Oder wollte sie ihr eins auswischen? Wegen dem Muttertier, weil *sie* so gern eins geworden wär? Oder behaupten, sie *sei* gar keine Lesbe? Egal. Dass sie auch immer wieder den Aufstand proben musste. Das sollte inzwischen doch längst geklärt sein. Auch wenn sie zufällig momentan *nicht* mehr nebeneinander unterm Baldachin lagen. *Die* Wette war so gut wie gewonnen. „Wenn *du* Susanne umdrehst, heiß *ich* Waltraud, Kleines!"

Natürlich setzte Vivi ab sofort alles dran, aber wie's aussah, lief's irgendwie nicht so recht für sie. Das hätte sie ihr gleich sagen können. Hatte es ihr ja auch gesagt. Und sagte noch viel mehr, schon beim Duschen am nächsten Morgen: „Na klar braucht man Kerle!" Bedeutungsvoll grinste sie zu Susanne und Vivi rüber. „Warum, glaubt ihr, hat Gott den Mann erschaffen?" Kunstpause. „Weil ein Vibrator nicht Rasen mähen kann!" Victory-Zeichen zu Vivi, und raus aus dem Gänsestall.

Dann wieder beim Frühstück, weil Vivi schon da war und Susanne noch fehlte. „Wo steckt denn unsere Wette? Hast sie wund gestreichelt letzte Nacht?"

„Sie ist etwas verwirrt und hat sich noch mal hingelegt", spielte Vivi mit. Was blieb ihr schon anderes übrig?

„Na spuck schon aus …"

Und Vivi legte ein so genanntes peinliches Geständnis ab: „Wir sind uns *sehr* nahe gekommen. Ich hab ihr von mir erzählt. Wie es bei mir ist, wenn ich komme. Dabei hab ich ihr den Rücken massiert, und irgendwann waren meine Lippen ganz, ganz dicht an ihrem Mund …"

Besser als Telefonsex. „Und? Weiter?"

„Dann hat sie Angst gekriegt."

„Plauderstündchen mit Rückenmassage?" Walter war fast enttäuscht. Die saftige Geschichte hätte ruhig noch ein bisschen weitergehen dürfen.

Für eine Weile sah's dann aber doch irgendwie anders aus.

Vivi hatte schon immer verdammt gut gezeichnet. Sie selbst hatte sich nie viel draus gemacht, und Walter war derselben Meinung. Reichte doch, wenn die Schlusen in natura rumliefen. Je besser sie gezeichnet worden wären, umso schlechter. Hinterher lagen sie dann auch noch in der Zelle, wenn auch bloß aufs Papier gestrichelt.

Susanne aber hatte offenbar als Lebensaufgabe in die Wiege gelegt gekriegt, verschüttete Talente zu fördern. Dass das immer wieder zu Katastrophen führte, konnte sie wohl nicht abschrecken. Walter hatte ja so Erfahrungen damit gesammelt. Jetzt war eben Vivi dran mit Sammeln, kam mit dem blöden

Zeichenblock sogar in den Gruppenraum und wollte eine Karikatur von Walter machen.

Walter wollte Karten spielen, sonst nichts. „Wie lange kritzelst du denn noch? Ich dachte immer: Punkt, Punkt, Komma, Strich, fertig ist das Mondgesicht."

Susanne, die grad reingekommen war, sah Vivi über die Schulter. „Sehr gut!"

„So ist's recht, Frau Lehrerin!" rief Walter rüber. „Die Schüler immer loben. Auch wenn sie mir 'n Boxerkinn und Segelohren malt!"

„Bist eben 'ne Naturschönheit, Walter!" gluckste Ilse. Zu Vivi: „Mal doch mal 'n paar Schlusen!"

„Genau", lachte Walter höhnisch, „'n Arsch mit zwei Ohren und 'nem Schnabel – und fertig ist der Geier!"

Vivi und Susanne hatten nicht mal zugehört. Merkwürdig. Obwohl – vom Schlusenmalen hatte sie Vivi bisher ja abgehalten. Trotzdem. Eine Frau sollte ihrem Mann *immer* zuhören. Auch wenn er aus Versehen ein wenig danebentappt.

„Vivischatz!"

Endlich sah sie rüber.

„Wie wär's? Mal doch mal Susanne." Das war besser.

Aber sie guckte bloß.

„Hei – was sagst du dazu, Schnecke?"

„Warum nicht?" stimmte Susanne zu und lächelte ihr verschämtes Lächeln. Vivi aber klappte den Block zu, fast heftig.

„Oops!" sagte Walter. „Hab ich jetzt was falsch gemacht?"

Vivi gab noch immer keine Antwort, kam aber rüber,

drückte ihr einen flüchtigen Kuss auf die Backe und ging raus. Wortlos.

Seltsam.

Noch seltsamer, dass sie später in der Zelle stand und aus dem Fenster starrte.

„Was hat denn mein Mädchen?“ brummte Walter und legte die Arme um sie.

Tonlos: „Nichts.“

„Und warum blickt mein Mädchen so verlassen in die tiefe dunkle Nacht“, spielte sie Märchenonkel, „wo nicht mal der Mond scheint?“

„Weil dein Mädchen traurig ist.“ Sogar Tränen. Das war ernst.

„War was mit Susanne?“ fragte sie ruhig. Vivi hätte merken können, dass sie jetzt alles sagen kann, jeden Schrott abladen darf, einfach alles.

„Mit Susanne?“ fragte sie zurück. „Nein.“ Kleine Pause. „Alles wie immer.“

Gut. Susanne fertig zu machen, wär auch ziemlich schwergefallen. Fast wie bei Vivi. Irgendwie anders als bei Vivi.

Trotzdem. Irgendwas musste zwischen den beiden schiefgelaufen sein. Nur was? Beim nächsten Hofgang saß Vivi aber neben Susanne auf der Bank, als sei alles in bester Ordnung. Allerdings schaute sie Fotos von Susannes Hosenscheißern an.

Das war's. Vivi und Baby. Also doch!

Grimmig nahm Walter Vivi die Fotos weg und drückte sie Susanne mit Nachdruck in die Pfote. Für Vivi war nur *eine* zuständig. Und wenn's Probleme gab, würde *die* für Klärung sorgen, und zwar wie! Also sagte sie: „Wenn wir erst mal draußen sind, dann adoptieren wir einfach was Kleines, und wenn du mit deiner Mutterschaftsphase durch bist, geben wir es einfach gebraucht zurück."

Vivi guckte zuerst wieder bloß, dann sagte sie leise: „Du bist ein Scheusal."

Dabei war das ein echtes Angebot gewesen. Walter und Hosenscheißer – unmöglich, einfach lächerlich. Und gerade eben hatte sie doch gesagt, dass für Vivi sogar das Unmöglich möglich wäre, trotz lächerlich. Und was war der Dank? Vivi nannte sie ein Scheusal. Susannes Babys hatten ihr wohl den Blick vernebelt. Da mussten wieder ganz einfache Sätze her, kannte man ja. Also rief sie: „Nein! Ich bin *unwiderstehlich*!" Und knutschte Vivi so richtig ab.

Das hatte gewirkt. Jedenfalls war Vivi seitdem wieder ganz die Alte.

Wahrscheinlich war sie bloß traurig gewesen, weil sie die Wette verloren hatte. Nicht mal zugegeben hatte sie's. Aber deswegen drauf rumzuhacken, wäre verdammt schlechter Stil gewesen. „Walter hat keinen Stil" – die Bergdorfer würde sich noch wundern.

Mit einem so leichten Sieg angeben – das wär echt billig!

25

Aber als sie gerade wundervoll miteinander geschlafen hatten und mit dieser langsamen, fast müden Zufriedenheit beieinander lagen, Walter über Vivi gebeugt, Kopf auf Vivis Hüfte, Vivi auf dem Rücken – da fing Vivi an: „Jetzt fehlt nur noch *eine* Sache." Ganz harmonisch eigentlich, wie der Ausklang des Liebesspiels.

Walter richtete sich auf und wartete, Gesicht nah bei Gesicht.

Und Vivi fuhr verträumt fort: „Es wär doch schön, wenn wir zu dritt wären."

Also doch.

Das war der Punkt, wo's weh tat. Was hatte Vivi auch alles durchgemacht: Vergewaltigung, Schwangerschaft, Abtreibung. Dass sie nie wieder ein Kind bekommen konnte, daran war Walter mit Schuld, wegen Zöllner. So gesehen würde man diesen Drecksack lebenslänglich nicht mehr loswerden. Dann die Flucht an Silvester und die Begegnung mit Lukas. Da wenigstens hatte sie getan, was sie für Vivi überhaupt tun konnte. Dass das dann dumm gelaufen war, dafür konnte wenigstens *sie* nichts. Und auch jetzt gab sie, was sie konnte. Vivi fehlte trotzdem ständig was. Und das war nicht der kleine Unterschied.

„Ja, ich weiß", sagte Walter, leise, bedrückt, und ließ sich mit einem schweren Seufzer ins Kissen sinken.

„Okay, ich hör auf", sagte Vivi sofort, stützte sich auf den Ellbogen und sah zärtlich runter. „Ich *wollt* dich nicht nerven."

„Du nervst gar nicht. Ich weiß doch, wie gern du 'n Kind haben möchtest", murmelte Walter und schluckte, stützte sich ebenfalls auf den Ellbogen, und wieder waren die Gesichter nah beieinander. „Glaub mir", sie streichelte Vivis Hand, „wenn ich könnt, würd ich dir eins machen."

Wie Vivis Gesicht strahlen konnte! „Echt?" hauchte sie hingerissen. „Meinst das im Ernst?"

Im Ernst. *Alles* würde sie tun. Der kleine Unterschied war reine Formsache. Aber nicht *sie* konnte nicht, sondern Vivi. Nie mehr. Stumm zog sie Vivis Hand an die Lippen und küsste sie. Wie ein Versprechen.

„Du bist so süß", flüsterte Vivi, und das weiche, staunende, verträumte Gesicht kam noch näher. „Ich liebe dich."

Dann versanken sie in einen langen Kuss. Eine späte, alles verzeihende Versöhnung.

Am nächsten Morgen hüpfte Vivi auf dem Weg übern Hof zur Wäscherei fröhlich heran, ein Pferdchen auf der Weide. „Morgen, Schatz!" Küsste sie und rief mit vergnügtem Blitzen: „Wieso warst du nicht beim Frühstück?"

„Ich hab die Zeit verpennt." Walter lachte genüsslich. „War *deine* Schuld."

Verliebt: „Wie bitte!?"

„Klar! Ich wollt mich anziehen, dann hat mich irgendwas an dich erinnert, und als ich wieder auf die Uhr schau, ist's zu spät für Frühstück."

Vivi strahlte. „Es war schön gestern Abend, oder?"

„Schöner als schön. Ich brauch meine Frau viel öfter bei mir …"

Vivi unterbrach, plötzlich ernst, und fragte, irgendwie eindringlich: „*Bin* ich deine Frau? Ich meine: für *immer*?"

„Als ob du das nicht weißt", lachte Walter und legte im Gehen den Arm um sie. „Ich würd *alles* für dich tun."

„Wirklich *alles*?"

Walter blieb stehen und wartete. Irgendwas war im Busch.

Auch Vivi wartete. Bis Lollo und Ilse vorbei waren. Und platzte heraus: „Dann werd für mich schwanger."

Zack.

Andrerseits absolut logisch: wenn Vivi nicht mehr konnte, sie, Walter die Große, sie könnte jederzeit. Theoretisch. Praktisch käme aber der kleine Unterschied doch noch ins Spiel. Wenn auch irgendwie lästig. In der Wäscherei konnte man so was auf keinen Fall besprechen. Aber nach dem Mittagessen, in der Zelle, brach Walter aus: „Jetzt hör mal genau zu. Ne Familie – diese ganzen angepassten Spießer, die sonntagnachmittags ihre plärrenden Hosenscheißer durch die Gegend schieben – das war ungefähr das Letzte, was ich wollte."

Vivis Gesicht machte dicht. „Na, dann ist ja alles klar." Sie wollte gehen. Dabei hatte sie es doch schon gestern Abend gehört.

„Eben nicht“, hielt Walter sie auf. „Es *war* alles klar. Bis ich dich getroffen habe.“

Vivi wandte sich um, erstaunt, abwartend, fast hoffnungsvoll.

„Ich will mit dir zusammen sein, Vivi.“

Großer Blick.

„Und wenn ich dafür so'n kleinen Schreihals kriegen muss – dann ist das eben so.“

Größerer Blick, aber auf der Hut. „Du kannst ja richtig romantisch sein.“

Nicht mal Spott konnte Walter jetzt aus der Spur bringen. „Aber du kannst nicht verlangen, dass ich mich von diesen Schlusen hier bespringen lasse. Ich meine mit 'nem Kerl pennen ist ja schon hart, aber *das* bring ich nicht.“

Vivi fuhr hoch. Totale verblüfft. Wollte unterbrechen, kam aber nicht zu Wort.

„Und außerdem: stell dir vor, das Blag kommt raus und sieht aus wie Kittler. Oder fängt plötzlich an französisch zu quasseln wie Dahnke. Nee, danke!“

„Walter!“ unterbrach Vivi und platzte fast.

„Wie? Was?“

„Du brauchst mit *überhaupt* keinem zu pennen!“

„Hä?“ Jetzt war Walter verblüfft. „Und wie soll das funktionieren? Unbefleckte Empfängnis oder was?“

Mit verheißungsvollem Gesicht kramte Vivi in der Tasche und brachte einen Fetzen Papier zum Vorschein, der ziemlich genau nach Ilses ewigen Illustrierten aussah. „Hier: 60-Jährige bekam Kind.“ Kunstpause: „Durch künstliche Befruchtung." Kunstpause. „Du holst dir 'ne Samenspende und die wird dir ein-, einge-, eingedingst oder so. Und das war's."

„Eingedingst ...?"

„Was weiß ich!" Für Vivi war das natürlich kein Problem, ihr würde ja auch nichts eingedingst werden. Aber Vivi wedelte mit dem Fetzen rum. „Auf jeden Fall – Jodie Foster soll das *auch* schon gemacht haben."

Wenn *die* das überlebt hatte ...

„Und?" drängte Vivi.

„Was *und*?" Das hätte schließlich jede ein wenig nervös gemacht, auch ohne das Eingedingst. „Ich meine, selbst *wenn* – wie kriegt man denn so was *hier*?" Gut, dass ihr das noch eingefallen war. *So* einfach war's nun auch wieder nicht.

Vivi, kurz vorm Freudentanz: „Heißt das – du würdest das machen?"

„Immer langsam. Ich kann ja schlecht zu Beck gehen und sagen, ich will auf die Krankenstation für 'ne künstliche Befruchtung."

Vivi aber *war* wieder so weit. Gleich würden alle Bremsen versagen. Langsam jedenfalls war eine Geschwindigkeit, die ihr eindeutig nicht mehr passte. Mit einem Gesicht, als müsse sie dringend mal: „Ich weiß auch nicht, wie das gehen soll, aber *wenn* – du würdest es machen?"

Walter nickte. Mit einem verdammt mulmigen Gefühl. Trotzdem sagte sie locker: „Klar, warum nicht?"

Und hatte Vivi am Hals hängen. „Danke! Walter! Wir kriegen ein Baby!" Im Davonrennen: „Ich red gleich mit der Adler." Über die Schulter: „Ich hab dich *so* lieb!" Und draußen war sie.

Bremsen versagt, klar. Aber ausgerechnet zur Adler. Mit *so* was! Das mulmige Gefühl wurde noch viel mulmiger. Es besserte sich auch nicht, als Walter zur Frau Direktor gerufen wurde. Erst recht nicht, als sie brav neben Vivi vor dem Schreibtisch saß.

Ein Moment Totenstille.

Dann kotzte der Geier vor Vergnügen beinah seine Innereien übern Tisch. „Künstliche Befruchtung!“ kreischte er. „Herrlich!“ Großer Lachanfall, dann Gepruste: „Dass ich d*as* noch erleben durfte!“ Stoßgebet gen Himmel: „Danke!“

Vivi deutete verlegen Entschuldigung an. Zu spät, deutete Walter grimmig zurück und stand auf, Vivi auch, noch verlegener.

„Wartet!“ befahl Jutta und wischte ein paar Freudentränen weg.

Sie warteten.

„Ihr habt eure Samenspende vergessen. Wann passt es dir denn, Walter? Ich mach dann einen Termin mit dem stationären Befruchtungsdienst.“ Und blökte von neuem los.

„Jetzt krieg dich wieder ein“, knurrte Walter. „Oder bist du mal wieder besoffen?“

Schalter umgelegt, Gesicht fällt runter, die lachende Süßlichkeit beim Teufel. Stahlhart: „Das mit eurem Familienglück könnt ihr euch abschminken! Erst recht, so lange *ich* hier was zu sagen habe!“

Vivi, tonlos: „Irgendwann kommen wir ja mal raus …“

„Du glaubst doch nicht im Ernst“, schnappte der Geier,

„dass die draußen zwei vorbestraften Lesben ein Kind verpassen? Künstlich oder nicht! Wie naiv bist du eigentlich?“

Vivi, standhaft: „Naiv genug, um zu glauben, dass *Sie* uns helfen würden. Aber das passiert mir nicht noch mal.“ Zu Walter, leise: „Komm, wir gehen.“

Von hinten, hohntriefend: „Und schön weiter üben. Vielleicht klappt’s ja auch so!“ Wieder Geblöke: „Künstliche Befruchtung!“

Ein Gefühl im Nacken, als hätte einer reingehauen. Walter wandte sich noch einmal um. Und der Geier prustete: „Das ist auch deine einzige Chance, an *dich* traut sich doch keiner ran!“

„Da sprichst du aus Erfahrung, was?“

Das Lachen blieb stehen, wie schockgefroren.

Womit wenigstens der Abgang einigermaßen hinhaute.

Stumm kehrten sie in Walters Zelle zurück und schlossen sorgfältig die Tür. Dann erst legte Walter los: „Mann! Danke, Vivi! Echt! Ich hab den Geier noch nie so happy gesehen. Das können wir uns jetzt die nächsten paar Jahre anhören.“

„Ja, ich weiß.“ Vivi, die Urschuld vom Lande, sah aus, als breche sie unterm schlechten Gewissen fast zusammen. „Aber was soll ich machen? Passiert ist passiert.“

„Stimmt!“ gab Walter zu. Versöhnlich.

Vivi streichelte sie tröstend. „Ich find, die Idee ist trotzdem noch gut. Jetzt erst recht, hm? Die Adler wird sich wundern, wenn wir erst unser Baby haben …“

„Nicht nur *die*“, gab Walter zweideutig zurück.

„Oder“, fragte Vivi, mindestens so zärtlich wie besorgt,

„hast du's dir anders überlegt? Willst du's nicht mehr machen?"

„Ich steh dazu." Versprochen ist versprochen. Sollte Vivi spätestens seit Silvester wissen. Aber dann fiel ihr noch was ein: „Aber nur, wenn du jetzt nicht gleich zu den *anderen* Schlusen rennst."

„Versprochen."

„Obwohl", fiel Walter noch was ein. „Wie ich den Geier kenne, hat die das schon ans schwarze Brett genagelt."

„Glaub ich nicht", hoffte Vivi. „Jetzt wo sie die Anstaltsleitung ist, kann die nicht einfach vertrauliche Gespräche ausquatschen."

Aber als sie mit Vivi zum Frühstück erschien, verspätet natürlich, lag diese merkwürdige Stille im Raum, die einen erst drauf aufmerksam macht, dass die Leute blöd dahocken, weil sie gerade über einen gequasselt haben.

Dabei guckten alle ganz harmlos. Wär ja auch verdammt schnell gegangen. Schließlich waren sie nur noch mal kurz in der Zelle gewesen. Also rief sie Vivi zu: „Bringst du mir 'nen Kaffee mit?" Und wollte sich setzen.

Aber Ilse, die noch nie was für sich behalten konnte, kicherte: „Aber im Fläschchen, bitte ..."

Wie aufs Stichwort ging das Gepruste los. Jeanette tat sogar sehr besorgt: „Ist Kaffee denn gut für eine werdende Mutter?"

Lautes Gelächter.

„Schnauze!" befahl Walter.

Was zwar sofort wirkte. Aber jetzt war wirklich alles zu spät.

Es war die Hölle.

Erschöpft, gedemütigt, erniedrigt verkrümelte Walter sich vor Zelleneinschluss in die Badewanne. Dort war man sicher vor Schimpf und Schande, wenigstens einigermaßen.

Trotzig, Zigarette im Maul, unterm dicken Schaumbad verkrochen, lag sie da, im tiefsten Innern geknickt, um äußere Haltung bemüht.

Natürlich kam doch eine rein – eine total zerknirschte Vivi, setzte sich auf den Wannenrand und fragte, wie man Schwerkranke fragt: „Wie geht's dir?" So hatte auch Walter schon mal gefragt, nach der Abtreibung.

„Wie soll's mir schon gehen? Super! Ich bin nur der größte Lacher der Station. Sonst hab ich keine Probleme."

„Tut mir Leid", murmelte Vivi. „Echt."

„Passiert ist passiert", wischte Walter alles beiseite. Konnte doch Vivi nichts dafür, dass der Geier so eine fiese Sau ist. Konnte doch Vivi nichts dafür, dass die anderen alle doof sind. Aber irgendwie war Vivi eben doch schuld an allem.

Vivi, ganz klein: „Das wollt ich nicht …"

„Ja, schon gut, weiß ich doch." Denn genauso irgendwie war auch Walter schon mal schuld gewesen. Nicht allein. Aber doch.

„Du bist so süß", flüsterte Vivi dankbar. Mitleidig: „Das ist ungerecht: *du* lässt dich auf die Sache ein, nur wegen *mir*, und als Dank lachen dich die anderen aus!"

„Hör auf", brummte Walter, „sonst tu ich mir selber noch mehr Leid." Tauchte unter, mitsamt der Zigarette. Dann war die eben auch noch am Arsch. Schnipp, weg damit.

Vivi schüttelte den Kopf. „Vielleicht war das Unsinn mit dem Kind." Sie gab sich einen Ruck. „Lass uns die Sache einfach vergessen, hm?"

War das ernst gemeint? Von Vivi? „Einfach so?"

Hastig: „Ich mein damit nicht, dass ich vergesse, was du für mich tun wolltest!" Sie druckste rum. „Aber …" Und brachte raus: „Das mit dem Baby – ist hier drin eben einfach nicht machbar."

Da blieb nur ein stummes Nicken. Wenn sie Recht hatte, hatte sie Recht.

„Komm her." Vivi lächelte wehmütig und beugte sich runter. „Ich liebe dich." Zärtlicher Kuss.

Zum Heulen schön. Diese Weiber mit ihrer Gefühlsduselei können einen ganz schön in die Scheiße reiten. Aber *ohne* diese Duselei wären sie überhaupt nicht so verdammt wunderbar lieb.

„Ich bin ja auch wirklich 'n Knaller!" Mit diesem Spruch schob die große Walter ihre Rührung zurück, fast gewaltsam. Wär noch mal schöner gewesen, jetzt mit Heulen anzufangen. Ausgerechnet jetzt.

Warum jetzt und nicht schon früher?

Weil sie früher wegen dem Spott der ganzen Station geheult hätte, aus Selbstmitleid, gekränktem Stolz, und das tut eine Walter nicht. Lieber hätte sie, wenn's nicht ausgerechnet um Vivi gegangen wäre, mit der Faust auf den Tisch oder sonst wohin geschlagen. Soviel zu *früher*.

Wenn sie *jetzt* geheult hätte, hätte sie geheult, weil Vivi so großherzig war und sogar auf das Baby verzichten wollte. Für

Walter. Aus Liebe. Gegenseitig. Einen größeren Liebesbeweis hätte es überhaupt nicht geben können.

Und warum heulte Walter dann jetzt nicht einfach?

Nicht etwa, weil sie sich vor Vivi geschämt hätte; vor Vivi hatte sie schon einmal geheult, nach der Abtreibung. Auch nicht, weil Vivi nicht hätte wissen dürfen, wie sehr Walter dieser Liebesbeweis rührte. Noch nicht einmal, weil Bosse eben keine weichen Gefühle zeigen dürfen. Sondern bloß aus dem einzigen Grund: weil Walter mit so einem Gefühl nicht umgehen konnte. Miese Jugend in mieser Berliner Gegend; *so* ein Gefühl konnte Walter überhaupt nicht kennen, so eine Liebe hatte sie noch nie erlebt, mit so einem Geschenk konnte sie einfach nicht umgehen. Vor kurzem hätte sie noch behauptet, wenn auch niemals offen zugegeben, dass sie so einer Liebe gar nicht wert sei. Ausgerechnet sie, die bloß nach zwei Faustregeln lebte. Erstens: „Fürchten sollt ihr mich, nicht lieben!" Und zweitens: „Auge um Auge, Zahn um Zahn."

Und nun erlebte sie das krasse Gegenteil: Vivi fürchtete sich nicht bloß nicht vor ihr, Vivi verzieh einfach alles. Zwar hatte sie das schon einmal getan, nach der Abtreibung. Damals gab's wenigstens die Idee mit Lukas. Jetzt war alles anders. Jetzt war Walter auch nicht irgendwie schuld. Eigentlich war Vivi schuld. Das war das gerade das Gute. Denn das Tollste war, dass auch Walter verzeihen durfte. Und sie verzieh, großmütig und liebevoll, ohne jede Gegenleistung, Sie verzieh etwas, was alle anderen nicht bloß *einen* Zahn gekostet hätte. Sie tat also etwas, was sie noch nie getan hatte. Und merkte – es war wunderschön.

Das erschütterte ihre Fundamente dermaßen, dass sie überhaupt nicht mehr wusste, was sie fühlen, denken oder tun sollte. Also griff sie aufs bewährte Mittel zurück: erst mal wegschieben. Und wer Gefühle wegschiebt, heult nicht. Nie.

Am nächsten Morgen beim Wecken schlief sie natürlich noch. Nicht bloß, weil sie ein rechter Kerl war. Irgendwie stimmte das ja auch gar nicht mehr. Sondern weil Schlaf schon immer ein gutes Fluchtmittel gewesen ist.

Diesmal weckte nicht irgendein Kittler oder irgendein Dahnke. Diesmal taten's beide, und sie gingen auch nicht zur nächsten Zelle, sie blieben unter der Tür stehen und unterhielten sich, als hätten sie einen Käfig aufgesperrt.

Kittler: „Oh Gott! Sie bewegt sich!"

Dahnke: „Pass auf, Peter. Vielleicht hat sie heute Morgen ihren Eisprung."

Kittler: „Wir holen besser Verstärkung."

Dahnke: „Stimmt. Wenn das mit der künstlichen Befruchtung nicht klappt, braucht sie jetzt ja 'nen richtigen Samenspender."

Kittler: „Wenn die Lesbe hier auf Männerjagd geht, will ich aber 'ne Gefahrenzulage."

Zack! flog die Seife vom Nachttisch Richtung Tür. „Raus!"

Kittler, der Feigling, duckte sich: „Vorsicht. Das war das Vorspiel. Nichts wie weg."

Aber Dahnke griff die Seife fast lässig aus dem Flug und warf sie zurück: „Und schön schrubben. Sonst kriegst du *nie* einen!"

Prustend und kichernd zogen sie ab.

„Wichser!“ brüllte sie hinterher und –

stutzte. Ein kleiner, aber ganz riesiger Entschluss fiel vom Himmel. Schließlich liebte nicht nur Vivi sie, sondern sie Vivi –

über alles.

Als dieser Entschluss angekommen war und im verschlafenen Kopf klick machte, raste sie aus dem Bett, raste über den Flur, vorbei an den glotzenden Dahnkes und Kittlers und Gittings und was sonst noch alles für blöde Arschlöcher rumstanden, riss die Tür auf, bemerkte kaum, dass Susanne neben Vivi halb nackt am Waschbecken stand, Susanne war egal, sie wollte nur zu Vivi, und Vivi ließ erstaunt den Kamm sinken.

„Okay“, brüllte Walter, selber ganz irr vor Glück, soviel Glück verschenken zu dürfen. „Vivi – du *kriegst* dein Kind!“

Vorschau:

Ab März 2001

Walter und Vivi – was für eine turbulente Liebesbeziehun
Aber auch nachdem die beiden getrennte Wege gingen, w
im Liebesleben der Walter einiges geboten. Im zweiten Teil v
„Walter – Liebe hinter Gittern" erfahren Sie unter anderem al
über Walters zweite große Liebe – Susanne Teubner. Und über
tragisches Ende …

Der Roman zur erfolgreichen RTL-Ser

Leseprobe:

Die Geschichte der Sofia Monetti:

Lesen Sie hier einen Auszug aus Sofias dramatischer Lebensgeschichte (bereits im Handel erhältlich):

„Hast du mir auch etwas geschenkt?“ Sofia beugte sich zu ihm herunter und gab ihm einen Kuss auf die Wange. „Sicher habe ich dir auch etwas geschenkt. Du wirst es sehen. Heute Nachmittag.“ Sie strich ihrem Enkel eine Haarsträhne aus dem Gesicht und dachte an die goldene Uhr, die sie für ihn hatte. Sie gehörte einmal ihrem Großvater! Er hatte sie Sofia zu ihrer Kommunion geschenkt, und nun würde sie die Uhr an ihren Enkel weitergeben.

„Ich fahre dann“, erklärte Luigi und wollte zum Auto gehen, doch Marco hielt seinen Vater fest. „Nimmst du mich mit, Papa? Bitte! Dann können wir nachher zusammen in die Pizzeria fahren.“ Er hing wirklich sehr an seinem Vater und nutzte jede Minute, die er mit ihm verbringen konnte. Luigi schaute seinen Sohn amüsiert an. „Wenn du meinst, junger Mann, aber dann würde ich vorschlagen, dass du dich ein bisschen beeilst.“ Er verabschiedete sich von Rosa und ging in Richtung Wagen.

„Bis gleich, Oma“, rief Marco und lief seinem Vater hinterher. „Und wenn ich in der Pizzeria bin, dann packe ich als erstes dein Geschenk aus.“ Sofia lachte und winkte ihrem Enkel hinterher. Er war wirklich ein Sonnenschein! Nachdem er eingestiegen war, kurbelte er das Fenster herunter und rief laut über die Straße: „Ciao! Ciao Nonna! Ciao Mama! Ciao Giovanni und Carla!“ Er winkte mit beiden Armen und verabschiedete sich lautstark von jedem einzelnen.

Auch die anderen hatten sich zu dem Wagen umgedreht und winkten Marco zu, und auch die übrigen Gäste auf dem Kirchenvorplatz schauten jetzt in Marcos Richtung, so laut schrie er. Dieser Junge, dachte Sofia amüsiert. Er schafft es doch immer wieder, im Mittelpunkt zu stehen. Sie wollte sich gerade zu Massimo drehen, da zerriss ein donnernder ohrenbetäubender Knall die Luft. Sie riss ihren Kopf herum und schaute zu dem Wagen. Innerhalb einer einzigen Sekunde stach eine riesige Flamme aus dem Motor und brauchte nicht halb so lange, um den ganzen Wagen in ein lichterlohes Feuermeer zu verwandeln. Es zischte und knallte, eine gigantische Druckwelle brachte die Luft zum vibrieren. Sofia schlug entsetzt die Hände vors Gesicht. „Marco!“, schrie sie verzweifelt und wollte auf den brennenden Wagen zulaufen. Massimos Arme umklammerten sie und hielten sie zurück. „Nicht, Sofia. Bleib! Du kannst nichts mehr für sie tun.“

Neben sich hörte sie Rosas Schreie. „Mein Kind!“, rief sie immer wieder. „Rettet mein Kind!“ Andere Kommunionskinder kreischten hell und unheilvoll, die Eltern schrien ihre Namen, rannten dann eilig weg oder starrten auf das Unfassbare. Sofias Atem ging schnell, ein heftiger Schmerz durchfuhr ihren Körper. Wie gebannt starrte sie in die Flammen. „Mio figlio, mein Sohn“, murmelte sie und krümmte sich vor Entsetzen. „Mein Enkel!“ Er hatte ihr doch gerade noch gewunken. „Bitte mach, dass es nicht wahr ist. Bitte“, flehte sie verzweifelt und schrie immer wieder laut: „Nein! Nein! Nein!"

„Assassini", rief Stefano neben ihr mit erstickter Stimme und kurz darauf hörte Sofia wieder Rosas schmerzerfüllte Schreie: „Luigi! Marco!" Und ihre verzweifelten Rufe wurden von lautem Schluchzen begleitet. Sofia schaute in ihre Richtung. Stefano hielt sie mit einem Arm fest, in seinem anderen Arm versteckten sich Giovanni und Carla.

Sofia drehte langsam den Kopf wieder zu dem Flammeninferno. „Mio figlio! Sie haben meinen Sohn getötet!", wimmerte sie fassungslos. Massimo presste ihren Kopf an seine Brust. „Ruhig Sofia. Ganz ruhig." Sofia schloss die Augen. Sie fühlte sich wie damals als kleines Mädchen, als ihr Vater sie vor dem Anblick ihrer blutüberströmten Mutter und Schwester auf dem kalten nackten Küchenboden bewahren wollte. Und als würde sie erst jetzt begreifen, was geschehen war, brach sie in ein heftiges Schluchzen aus. Es wiederholt sich! Das Leben ist eine einzige Wiederholung. Ein Gefühl von Ohnmacht und Leere ergriff sie. „Wieso?", flüsterte sie mit erstickter Stimme. „Wieso passiert uns das?" Massimo drückte sie fest an sich. „Ich weiß es nicht, Sofia", stellte er leise fest. „Ich weiß es nicht!" Und als er das sagte, spürte Sofia auch ihren Mann vor Erschütterung beben.

Eine Woche später fand die Beerdigung von Luigi und Marco statt. Sofia legte ihrem Enkel die goldene Uhr ihres Großvaters mit in das Grab. Sie hatte ihm ein Geschenk versprochen und er sollte es bekommen. Niemals würde sie sein fröhliches Kinderlachen vergessen, sein strahlendes Gesicht.

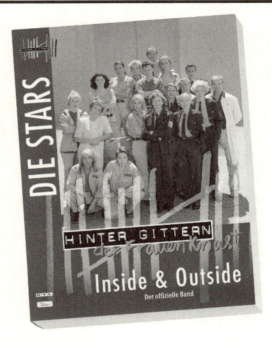